La Peine de mort

De Voltaire à Badinter

Présentation, notes,
chronologie et dossier
par Sandrine Costa

Étonnants Classiques

GF Flammarion

Dans la même collection

Au nom de la Liberté, poèmes de la Résistance
Ceux de Verdun, les écrivains et la Grande Guerre
Paroles de la Shoah

2e édition corrigée

ISBN : 2-08-072122-4
ISSN : 1269-8822

Sommaire

La Peine de mort

I. Les Lumières et la Révolution française

II. Le XIXe siècle

III. Le xxe siècle

UNE IDÉE VIEILLE COMME LE MONDE

La peine de mort a pour elle l'Antiquité...

Toutes les civilisations anciennes, indépendamment de leurs horizons culturels, religieux et géographiques, semblent avoir pratiqué la peine de mort pour punir les crimes jugés les plus odieux : le sang du coupable apparaissant comme seul capable de « laver » ou de compenser celui de la victime. Vendetta[1] traditionnelle, loi du talion[2] religieuse, la coutume et les dieux apportaient leur caution à cette pratique de la justice : « Tu donneras vie pour vie, œil pour œil, dent pour dent, main pour main, pied pour pied, brûlure pour brûlure, blessure pour blessure, meurtrissure pour meurtrissure » (Exode[3], XXI, 24-25).

Pourtant, cette donnée ne doit pas occulter les limitations strictes de l'application de la peine de mort dans les différentes civilisations : si la Bible met en scène bien des exécutions capitales, elle en précise les circonstances (meurtre, adultère, inceste, prostitution, sorcellerie) et n'est pas exempte d'épisodes de

1. *Vendetta* : coutume corse par laquelle deux familles ennemies poursuivent une vengeance réciproque jusqu'au crime.
2. *Loi du talion* : châtiment qui consiste à infliger au criminel le traitement qu'il a fait subir à sa victime.
3. *Exode* : livre de la Bible évoquant l'asservissement des Juifs en Égypte et leur départ pour fonder Israël.

clémence : Caïn [1], quoique fratricide, est protégé de la vengeance des hommes, et la femme adultère sera sauvée par le Christ de la lapidation [2]. D'ailleurs, les Hébreux limiteront la peine de mort aux crimes évoqués dans la Bible et les jurisprudences rabbiniques. Les Grecs, quant à eux, ne l'appliqueront que pour les crimes menaçant la cité en distinguant très tôt les meurtres volontaires des meurtres involontaires. À Rome s'opère le glissement de la condamnation religieuse et politique vers la condamnation laïque, mais dès la République l'exil ou la condamnation aux travaux forcés et à l'esclavage apparaîtront comme préférables à la mise à mort et plus «rentables» pour l'État.

8 L'apparition du christianisme va paradoxalement renforcer la pratique de la peine de mort : d'abord, les Romains vont très largement l'appliquer à l'encontre des chrétiens, perçus comme une menace intérieure, mais surtout ce sont les chrétiens eux-mêmes qui, dès le Moyen Âge, avec la caution idéologique des Pères de l'Église [3], tel saint Augustin, vont prôner son application comme l'exercice anticipé du jugement divin. Les condamnations s'appliqueront bien entendu aux criminels laïques (assassins, violeurs, voleurs…)

---

1. *Caïn* : fils aîné d'Adam et Ève qui tua son frère Abel et fut condamné à l'exil éternel.
2. *Lapidation* : exécution par jet de pierres.
3. *Pères de l'Église* : écrivains religieux reconnus comme les interprètes de la tradition chrétienne.

mais surtout aux coupables d'hérésie[1] (sorciers ou jugés tels, Vaudois [2], Juifs, protestants...).

Qu'elle soit le fait d'un tribunal laïque ou religieux, la peine de mort se justifie toujours par la protection de la communauté contre ceux qui en menacent la sécurité ou la survie : éliminer le membre malade protège le groupe de la contagion. La médecine et le développement des idées scientistes[3] au XIXe siècle ne feront que renforcer cette pratique.

LA LONGUE MARCHE VERS L'ABOLITION

Il faut attendre le XVIIIe siècle pour que la lutte pour l'abolition de la peine de mort se dote d'un arsenal philosophique et théorique solide. Notons cependant que parmi les plus célèbres penseurs des Lumières, peu se sont engagés contre l'exécution capitale : Rousseau dans le *Contrat social* en 1762 et Kant dans la *Critique de la raison pratique* en 1788 tendent à la justifier; Montesquieu et Voltaire se contentent de souhaiter une application plus limitée

1. *Hérésie* : doctrine née au sein de l'Église, mais condamnée par elle comme corruptrice.
2. *Vaudois* : membres d'une secte hérétique du XIIe siècle.
3. *Scientistes* : qui relèvent du scientisme, courant de pensée qui affirme pouvoir résoudre toutes les questions, en particulier philosophiques, par la science.

tout en ne contestant pas son caractère d'exemplarité.

C'est la publication en Italie de l'ouvrage de Beccaria *Des délits et des peines*, en 1764, qui va modifier la perception de la question : sa réflexion dépasse, en effet, la peine de mort et vise à reposer la question plus générale de la loi et des sanctions à l'intérieur d'une société. Influencée par l'esprit des Lumières, la pensée de Beccaria inaugure la scission entre le plan métaphysique et le plan politique, affirmant que le droit pénal ne saurait relever que du second. Dès lors, le châtiment ne doit plus être considéré, dans une perspective chrétienne, comme un moyen de repentir et de salut. Le droit doit au contraire tabler sur la possibilité d'évolution et d'amélioration de la société et donc de l'individu.

Le retentissement en France et dans toute l'Europe de cet ouvrage sera considérable[1] : Voltaire le premier réagira en célébrant la modernité et l'humanisme de cet ouvrage. Dès lors, c'est à la fois la question de la légitimité morale de la peine de mort mais aussi de sa simple efficacité qui se pose. En effet, le pouvoir civil ne saurait se substituer à l'instance divine pour juger et condamner, mais il a malgré tout le devoir de sanctionner efficacement; or l'efficacité de la peine de mort est des plus contestables : la

1. Pour plus de détails sur ce point on se reportera à l'excellente préface de Robert Badinter in R. Beccaria, *Des délits et des peines*, GF-Flammarion, 1991, p. 7-47.

société se prive d'une vie qui pourrait être réformée. Une condamnation à un long internement apparaît bien plus dissuasive qu'une exécution «abrégeant» la souffrance et rendant le repentir impossible. D'un point de vue politique, on peut aussi avancer qu'il est peu probable que l'acte isolé d'un individu puisse compromettre la survie du groupe.

Cette question de l'efficacité sera au cœur de la réflexion du XIXe siècle, sans occulter toutefois la dimension purement humaine et morale du problème, comme en atteste l'engagement d'un Victor Hugo, par exemple.

C'est de manière inattendue la pensée libérale, principalement anglo-saxonne qui, nourrie de la pensée de Hobbes[1] et Locke[2], va fonder l'argumentation économique contre la peine de mort : celle-ci tend à affaiblir les capacités de production d'une nation. Mais dans le même temps, l'argument utilitariste peut conduire aux affirmations inverses : les criminels étant jugés par la science et la médecine comme des êtres irrécupérables, il devient un devoir social de les éliminer. On cherchera néanmoins à inventer des procédés d'exécution plus «propres». Le courant scientiste va ainsi largement influencer la réflexion, ce qui explique le tassement relatif des revendications abolitionnistes au début du XXe siècle. Les événements, par ailleurs, favorisent cette tendance : l'émer-

1. *Hobbes* : philosophe anglais (1588-1679).
2. *Locke* : philosophe anglais (1632-1704).

gence des guerres et de nombreux régimes totalitaires va accroître le recours aux exécutions capitales un peu partout dans le monde.

Mais une fois de plus, l'excès provoque une réaction compensatoire : la violence des deux conflits mondiaux et le nombre de morts amènent à rechercher un modèle social et pénal pacifié. La création de l'Organisation des Nations unies (1946) contribue pour beaucoup à l'évolution des mentalités : l'idée s'impose d'abord, en effet, de la nécessité d'un organisme posant la question du droit sur un plan international; ensuite, cette organisation pose dans ses principes dès 1948 le droit à la vie et à la survie, ainsi que la condamnation de la torture et des traitements cruels et dégradants. La peine de mort tombe naturellement sous le coup de cette loi internationale. En 1950, 10 pays d'Europe l'ont déjà abolie[1].

En France, la société est cruellement divisée : l'opinion publique reste très majoritairement favorable à la peine de mort, en particulier pour les crimes jugés ignobles (meurtres avec ou sans viol et séquestration, surtout d'enfants). Le sondages ne cessent de le confirmer : 53 % d'individus favorables à la peine de mort en 1971, 58 % en 1978, 56 % en 1979, 63 % en 1981.

Pourtant, on constate que l'actualité n'est pas sans influence sur les Français : durant les années ou aucune condamnation n'intervient, les partisans de l'abolition

1. Voir la chronologie.

tendent à devenir majoritaires : en 1969, 58 % des Français se prononcent pour l'abolition; ils sont 64 % parmi les moins de 35 ans. Les intellectuels, les représentants d'institutions religieuses – toutes confessions confondues – mais aussi les syndicats de magistrats, d'avocats, de policiers et nombre d'hommes politiques au-delà des clivages partisans sont de plus en plus nombreux à militer pour l'abolition.

Dans ces circonstances, seule une décision politique pouvait trancher le débat et risquer d'imposer à une opinion publique majoritairement favorable à la peine de mort son abolition. C'est ce que fera François Mitterrand en 1981, en confiant à l'avocat Robert Badinter, défenseur historique de l'abolition, le ministère de la Justice, avec pour mission de mener à bien le projet de loi qui fut présenté à l'Assemblée les 16 et 17 septembre 1981 et voté par 363 voix pour et 113 contre. La dernière exécution remontait à 1977.

POUR OU CONTRE L'ABOLITION

Défenseurs ou opposants à la peine de mort

s'appuient sur des arguments qui, s'ils ont pu évoluer en fonction de nouvelles approches (médicales, économiques ou autres), reposent cependant sur une base idéologique relativement stable, et ce depuis l'Antiquité : ce sont à peu près les mêmes que nous retrouvons du XVIIIe siècle à nos jours.

La justification première des partisans de la peine de mort est l'argument d'autorité : la peine de mort s'est toujours pratiquée, chez les peuples jugés les plus sages ou les plus évolués, et ce avec la caution des Églises. Ce raisonnement est relayé par la nécessité d'appliquer au coupable une peine équivalente à son crime : les actes punis de la peine capitale sont ceux qu'une société juge les plus graves, ainsi la peine doit être extrême. Quelle pitié invoquer pour ceux qui en ont à ce point manqué? Loi du Talion, punir l'homme par où il a péché, nous retrouvons les représentations picturales des Enfers, peintes par Gustave Doré[1], Bosch[2] ou Bruegel[3], décrites par Dante[4], où le gourmand est gavé jusqu'à l'éclatement, l'avare est nourri d'or fondu, les amants adultères se déchirent pour l'éternité… jusqu'à la condamnation à revivre ses faiblesses et erreurs que met en scène Jean-Paul Sartre dans *Huis clos*.

1. *Gustave Doré* : dessinateur et graveur français (1832-1883) ayant en particulier illustré La Bible, et *L'Enfer* de Dante.
2. *Bosch* : peintre et dessinateur flamand (1450-1516).
3. *Bruegel* : peintre et dessinateur flamand (v. 1525-1569) influencé par Bosch et ayant représenté de nombreux épisodes bibliques ainsi que les *Sept Péchés capitaux*.
4. *Dante* : poète italien (1265-1321) auteur de *La Divine Comédie* qui évoque le voyage de l'humanité dans l'Au-delà, de *L'Enfer* au *Purgatoire*, puis au *Paradis*.

Mais, au-delà de cette nécessité de punir à la hauteur du crime, le châtiment pour être efficace doit essentiellement remplir la fonction de protection de la société; ceci s'entend en deux sens : il s'agit d'abord d'éliminer un être qui la menace. L'argument du risque de récidive repose sur un constat douloureux : la peine d'emprisonnement n'est pas toujours efficace dans sa fonction curative, et un prisonnier libéré renoue souvent avec le crime. Seule son élimination définitive semble garantir du danger. L'enfermement à perpétuité n'élimine pas, en effet, le risque d'évasion ou de libération pour bonne conduite, et la société refuse de courir ce risque. Épargnons-nous l'argument économique : pourquoi la société dépenserait-elle des sommes conséquentes pour nourrir et entretenir pendant vingt ou trente ans de tels sujets?... Reste l'autre aspect de la protection : l'argument dissuasif. Il s'agit moins d'appliquer la peine de mort à tour de bras, et d'en banaliser ainsi la pratique, que de la maintenir comme menace pour ceux qui seraient tentés d'agir mal.

À ces arguments, les abolitionnistes répondent point par point.

À l'inhumanité du crime ne saurait répondre l'inhumanité de la société : bien au contraire, la civilisation qui applique la peine de mort donne elle-même l'exemple de la violence et de la réaction passionnelle qu'elle prétend combattre. «Tu ne tueras pas» est un commandement que la justice elle-même doit appliquer.

La fonction protectrice de la peine de mort est elle aussi battue en brèche : ce châtiment n'apparaît guère dissuasif. D'abord, bien des criminels ont reconnu avoir assisté à des exécutions capitales, ce qui ne les a guère détournés de leurs desseins. Par ailleurs, les statistiques prouvent de manière indiscutable que les pays ayant aboli la peine de mort n'ont pas connu d'augmentation sensible de la criminalité, alors que le crime ne semble pas diminuer dans les sociétés qui la pratiquent encore. Le problème de la récidive est bien plus délicat : en effet, il remet en question le fonctionnement de tout le système pénal et judiciaire. Faut-il remplacer la peine de mort par une peine de prison incompressible ? Ceci nierait la capacité d'un individu à s'amender et à changer. Comment faire dans ce cas pour lutter contre cette évidence de la récidive ? Ce sont sans doute les conditions d'emprisonnement et de réinsertion qui doivent être revues dans une perspective curative et non plus punitive. Enfermer un individu à vie, sans espoir de sortie, n'est-ce pas tout aussi inhumain que de lui ôter la vie ? aussi inhumain, mais plus long…

Et puis la peine de mort est irréversible : plane toujours sur un jugement le spectre du caractère faillible de la justice humaine et de l'erreur judiciaire, qu'il est trop tard, après une exécution, pour redresser…

ENCORE UN EFFORT...

La peine de mort a été abolie en France en 1981, et il peut apparaître inutile aujourd'hui de verser de nouvelles pièces au débat. C'est la certitude du contraire qui a prévalu à la conception de ce volume.

D'abord, si elle n'est plus appliquée dans notre pays, ni même plus largement en Europe occidentale, bien des nations, et notamment certaines grandes puissances démocratiques comme les États-Unis ou le Japon, la pratiquent encore. De plus en plus de voix se font entendre à l'échelle internationale pour obtenir sa suppression, comme en atteste la campagne de pétition lancée en l'an 2000 contre la peine de mort aux États-Unis.

Pour mieux comprendre les enjeux de ces prises de position et de cette question, il nous a semblé important de donner, en particulier aux plus jeunes qui n'ont jamais connu ni dans les textes ni dans son application la peine de mort, les outils argumentatifs leur permettant de comprendre les points de vue défendus, et ce dans une perspective historique. On pourra objecter que ce volume donne peu la parole aux défenseurs de la peine, ce dont nous sommes forcés de convenir. Mais malgré tout, la sélection des documents fait très clairement état, dans les discours des abolitionnistes, des arguments opposés.

La seconde raison qui justifie l'existence de ce

volume est la volonté de poser les grandes questions humanistes qu'implique le débat sur la peine de mort : la valeur de la vie humaine est un sujet qui dépasse la question pénale et trouve des échos dans l'actualité concernant les dictatures, la pratique de la torture mais aussi les formes modernes d'esclavage et d'asservissement. Par ailleurs, notre société ne peut faire l'économie de l'ouverture d'un débat sur les peines ainsi que sur le sens et la fonction de l'incarcération. La réalité du monde carcéral, l'inefficacité de certaines peines sont des enjeux majeurs de la société d'aujourd'hui et de demain. Beccaria déjà, Robert Badinter plus près de nous ont affirmé que la simple suppression de la peine de mort était insuffisante, qu'il fallait la replacer dans la perspective d'une large réforme de la justice. Ce combat est encore à mener, or il ne peut l'être sans remonter à la source du questionnement.

Présentation du volume

Ce volume se présente comme une anthologie de textes relatifs à la peine de mort du XVIIIe siècle à nos jours. L'ordre que nous avons adopté est chronologique, afin de rendre sensible l'évolution des arguments et points de vue sur la question. Pour clarifier cette progression, nous avons distingué trois périodes : les Lumières et la Révolution française qui voient l'émergence de cette question d'un point de vue philosophique mais aussi politique, le XIXe siècle jusqu'en 1908 où le combat en faveur de l'abolition trouve son grand défenseur en la personne de Victor Hugo, la période contemporaine enfin, jusqu'à l'abolition, en 1981, de la peine de mort par la France.

Nous avons tenté de proposer des textes de natures très différentes, extraits de romans, poésies, chansons populaires, bandes dessinées, discours devant l'Assemblée ou essais philosophiques. Ce choix tente de cerner un mystère qui nous échappe : par quelles voies, par quels recours une idée progresse-t-elle dans les esprits, pour parvenir à les toucher, à les persuader ou les convaincre pour les modifier durablement ? Une image a-t-elle plus de force de conviction qu'un discours ? Une chanson marque-t-elle plus les esprits qu'un récit ? Incontestablement, l'efficacité argumentative n'est pas l'apanage des textes ouvertement et uniquement argumentatifs. Pourtant, une lecture globale des textes ne manquera pas de faire apparaître des échos de l'un à l'autre, au-delà des parentés idéologiques, par des reprises d'images fortes ou d'arguments, mais aussi par un jeu de citations implicites ou explicites. C'est aussi à ce plaisir de l'intertextualité que nous invitons le lecteur.

CHRONOLOGIE

QUELQUES REPÈRES
SUR LA PEINE DE MORT

De 1748 à nos jours

1748	Montesquieu, *De l'esprit des lois.*
1762	Voltaire, *Traité sur la tolérance à l'occasion de la mort de Jean Calas.*
1764	Beccaria, *Des délits et des peines* (publication à Livourne, Italie).
1765	*Des délits et des peines* traduit en France par l'abbé Morellet.
1766	Voltaire, *Commentaire sur l'ouvrage «Des délits et des peines».*
1776	Mably, *De la législation au principe des lois.*
1777	Voltaire, *Le prix de la justice et de l'humanité.*
1789	Révolution française. Déclaration des droits de l'homme et du citoyen.
1791	Proposition de loi sur l'abolition de la peine de mort par la Constituante.
1792	Renversement de la monarchie.
1793	Instauration du Comité de Salut public et du Tribunal révolutionnaire. Loi des suspects. Exécution de Louis XVI.
1794	La Grande Terreur. Exécution de Danton. Exécution de Robespierre et Saint-Just.
1795	Le Directoire.
1799	Coup d'État du 18 Brumaire.

1804 Napoléon Ier sacré empereur.
Promulgation du Code civil des Français.

1812 Pour les parricides, le Code ajoute à la mort le tranchement du poignet.

1814 Restauration. Début de règne de Louis XVIII.

1820 Exécution de Louvel, assassin de l'héritier du trône, le duc de Berry.

1822 Exécution des « quatre sergents de La Rochelle ».
Guizot, *De la peine de mort en matière politique.*

1823 Exécution du docteur Castaing, auteur d'un double assassinat.

1824 Début du règne de Charles X.
Exécution de Delaporte, détrousseur de grand chemin.

1825 Rétablissement de la peine de mort pour les auteurs de sacrilèges (abolie par la Constituante).

1829 Hugo, *Le Dernier Jour d'un condamné.*

1830 Révolution de Juillet. Début du règne de Louis-Philippe.
Le code pénal prévoit dix motifs de condamnation à mort.
Lamartine, « Ode contre la peine de mort ».
Stendhal, *Le Rouge et le Noir.*

1839 Condamnation à mort de Barbès.
Hugo intervient auprès de Louis-Philippe pour obtenir sa grâce. La peine est commuée.

1848	Révolution de février. IIe République. Le gouvernement provisoire décrète l'abolition de la peine de mort en matière politique.
1851	Coup d'État de Louis-Napoléon Bonaparte
1852	Proclamation du Second Empire.
1859	Hugo, *La Légende des siècles*.
1867	Abolition de la peine de mort au **Portugal**.
1870	France : IIIe République. Abolition de la peine de mort en **Hollande**.
1905	Abolition de la peine de mort en **Norvège**.
1908	Proposition de loi présentée à la Chambre des députés par Aristide Briand, garde des Sceaux, visant à l'abolition de la peine de mort.
1921	Abolition de la peine de mort en **Suède**.
1930	Abolition de la peine de mort au **Danemark**.
1939	Exécution d'Eugène Weidmann, condamné à mort pour le meurtre de cinq personnes. C'est la dernière exécution publique en France.
1940	Proclamation de l'État français.
1942	Abolition de la peine de mort en **Suisse**.

1944 Abolition de la peine de mort en **Italie**.

1947 France : IVe République.

1948 L'Assemblée générale des Nations unies adopte la Déclaration universelle des droits de l'homme, affirmant le droit à la vie et condamnant la torture et « les traitements cruels, inhumains ou dégradants » (art. 3 et 4).

1949 Abolition de la peine de mort en **Finlande** et **Allemagne de l'Ouest**.

1950 Abolition de la peine de mort en **Autriche**.

1957 Camus et Koestler, *Réflexions sur la peine capitale.*
Camus, *Réflexions sur la guillotine.*

1958 France : Ve République.

1959 Naud, *Tu ne tueras pas.*

1961 Foucault, *Folie et Déraison. Histoire de la folie à l'âge classique.*

1965 Abolition de la peine de mort en **Grande-Bretagne**.

1967 Naud et Charpentier, *Pour ou contre la peine de mort.*

1972 Exécution à la Santé de Buffet et Bontems.
Imbert, *La Peine de mort.*
Naud, *L'Agonie de la peine de mort.*
Imbert et Levasseur, *Le Pouvoir, les Juges et les Bourreaux.*

1973 Proposition de loi visant à abolir la peine de mort en France.
Robert Badinter, *L'Exécution.*

1974 Élection de Valéry Giscard d'Estaing.

1975 Foucault, *Surveiller et punir.*

1976 Condamnation à mort de Christian Ranucci, assassin d'enfant.
Le Syndicat de la magistrature se prononce en faveur de l'abolition, soutenu par la Fédération autonome des syndicats de police.
Toulat, *La Peine de mort en question.*
Julie Clerc chante « L'assassin assassiné », Michel Sardou « Je suis pour ».

1977 Campagne du Syndicat des avocats de France en faveur de l'abolition.
Semaine internationale pour l'abolition (du 21 au 27 mars).
Exécution de Carrein (24 juin) et de Djandoubi (10 septembre).
Amnesty International reçoit le prix Nobel de la paix
Badinter publie dans *Le Monde* : « Sur la peine de mort – Fonction politique et grâce », « Faut-il une sanction de remplacement? » et « Encore un instant, Monsieur le Bourreau ».
Disparition de la peine de mort des lois régissant le **Vatican**.

1978 Abolition de la peine de mort en **Espagne**.
La Commission sociale de l'épiscopat français publie *Éléments de réflexion sur la peine de mort.*
Proposition de loi de 11 députés (RPR et UDF) en faveur de l'abolition.
Joseph Kaplan, grand rabbin de France, condamne dans *Le Monde* la peine de mort.

Gilles Perrault, *Le Pull-over rouge.*
Aubert, *Chrétiens et peine de mort.*

1979 Projet de loi sur l'abolition partielle ajourné à l'Assemblée.
Sous la direction de Jacques Léauté, *Contre ou pour la peine de mort.*
Roger Ikor, *Sans haine et sans colère.*

1981 Élection de François Mitterrand. Le candidat avait mis l'abolition de la peine de mort à son programme.
63 % des Français se prononcent en faveur à la peine de mort.
Robert Badinter est nommé garde des Sceaux.
17 septembre : abolition de la peine de mort en France (votée par 368 voix contre 113 à l'Assemblée nationale).

1983 Le VIe protocole à la Convention européenne de sauvegarde des droits de l'homme et des libertés fondamentales affirme que « la peine de mort est abolie. Nul ne pourra être condamné à une telle peine ni exécuté. »

1986 La France ratifie le VIe protocole.

1998 L'Organisation des Nations unies indique que 66 pays ont aboli la peine de mort, que 26 ne la pratiquent plus depuis plus de 10 ans et que 16 l'ont abolie pour les crimes de droit commun.

2000 Lancement de la pétition « Ensemble contre la peine de mort aux États-Unis ».
Robert Badinter, *L'Abolition.*
Ménasse et Taube, *Lettre ouverte aux Américains pour l'abolition de la peine de mort* (préface d'Henri Leclerc).

La Peine de mort
De Voltaire à Badinter

I

LES LUMIÈRES
ET LA RÉVOLUTION FRANÇAISE

Montesquieu (1689-1755)
De l'esprit des lois (1748)

Charles-Louis de Secondat, baron de Montesquieu, originaire de la région de Bordeaux, suit une formation de droit avant de devenir avocat, puis conseiller au Parlement. Homme de grande curiosité intellectuelle, il multiplie les voyages en Europe (Autriche, Hongrie, Italie, Bavière, Angleterre, Prusse, Pays-Bas), afin d'étudier différentes sociétés, et s'intéresse à l'histoire. Il publie ainsi *Sur la monarchie universelle en Europe* et *Considérations sur les causes de la grandeur des Romains et de leur décadence*. Il développe par ailleurs une réflexion sur les institutions politiques et les différents types de régimes qui aboutit à la grande œuvre de sa vie, la rédaction de *De l'esprit des lois*, à laquelle il consacre, à partir de 1731, les dernières années de sa vie. Il s'y révèle un penseur libéral, attaché au respect de la personne humaine et soucieux de justice. C'est la Constitution anglaise qui fournit à Montesquieu le modèle idéal, attaché à la séparation des pouvoirs, garantie de la liberté politique. Ces idées aboutiront à la mise à l'index de son œuvre, mais l'influence de la pensée politique de Montesquieu se fera sentir dans tout le siècle, et en particulier sur les législateurs des assemblées révolutionnaires.

Dans *De l'esprit des lois*, Montesquieu étudie l'ensemble des sociétés humaines, du passé et du présent. Il s'agit pour lui de comprendre les évolutions sociales et politiques en fonction des spécificités culturelles mais aussi géographiques ou climatiques. Le livre VI est consacré aux lois, et le philosophe y affirme qu'elles doivent être relatives au principe de chaque gouvernement : ainsi, dans les démocraties, les lois doivent inspirer l'amour de la patrie et instaurer l'égalité, par opposition au despotisme[1] qui impose un sentiment de crainte. Mais Montesquieu examine aussi ce qui peut corrompre les gouvernements et ainsi détruire leurs fondements. C'est dans cette perspective que s'inscrit sa réflexion sur la peine de mort : comme peine disproportionnée, elle aboutit à l'effet inverse de celui qui était escompté. Il illustre cette thèse à partir de deux exemples distants dans l'espace et le temps : la Grèce antique et le Japon traditionnel, soit une démocratie et un pays despotique.

12. De la puissance des peines

L'expérience a fait remarquer que, dans les pays où les peines sont douces, l'esprit du citoyen en est frappé, comme il l'est ailleurs par les grandes.

Quelque inconvénient se fait-il sentir dans un État : un gouvernement violent veut soudain le corriger ; et, au lieu de songer à faire exécuter les anciennes lois, on établit une peine cruelle qui arrête le mal sur-le-champ. Mais on use le ressort du gouvernement : l'imagination se fait à cette grande peine, comme elle s'était faite à la moindre ; et comme on diminue la

1. *Despotisme* : régime où le souverain (despote) exerce une autorité arbitraire et absolue.

crainte pour celle-ci, l'on est bientôt forcé d'établir l'autre dans tous les cas. Les vols sur les grands chemins étaient communs dans quelques États; on voulut les arrêter; on inventa le supplice de la roue[1], qui les suspendit pendant quelque temps. Depuis ce temps on a volé comme auparavant sur les grands chemins.

De nos jours la désertion[2] fut très fréquente; on établit la peine de mort contre les déserteurs, et la désertion n'est pas diminuée. La raison en est bien naturelle : un soldat, accoutumé tous les jours à exposer sa vie, en méprise ou se flatte d'en mépriser le danger. Il est tous les jours accoutumé à craindre la honte : il fallait donc laisser une peine qui faisait porter une flétrissure[3] pendant la vie. On a prétendu augmenter la peine, et on l'a réellement diminuée.

Il ne faut point mener les hommes par les voies extrêmes; on doit être ménager[4] des moyens que la nature nous donne pour les conduire. Qu'on examine la cause de tous les relâchements, on verra qu'elle vient de l'impunité des crimes, et non pas de la modération des peines.

Suivons la nature, qui a donné aux hommes la honte comme leur fléau[5], et que la plus grande partie de la peine soit l'infamie[6] de la souffrir.

---

1. *Supplice de la roue* : supplice qui consistait à attacher le criminel sur une roue après lui avoir brisé les membres.
2. *Désertion* : action de quitter l'armée, ou de refuser de la rejoindre, sans autorisation.
3. *Une flétrissure* : il s'agit d'une marque au fer rouge qui permettait de reconnaître un ancien condamné. Mais le terme peut aussi s'entendre au figuré, comme une tache morale.
4. *Être ménager* : être économe.
5. *Fléau* : personne ou chose qui semble être l'instrument de la colère et de la vengeance divines.
6. *Infamie* : honte.

Que, s'il se trouve des pays où la honte ne soit pas une suite du supplice, cela vient de la tyrannie, qui a infligé les mêmes peines aux scélérats et aux gens de bien.

Et si vous en voyez d'autres où les hommes ne sont retenus que par des supplices cruels, comptez encore que cela vient en grande partie de la violence du gouvernement, qui a employé ces supplices pour des fautes légères.

Souvent un législateur qui veut corriger un mal ne songe qu'à cette correction; ses yeux sont ouverts sur cet objet, et fermés sur les inconvénients. Lorsque le mal est une fois corrigé, on ne voit plus que la dureté du législateur; mais il reste un vice dans l'État, que cette dureté a produit; les esprits sont corrompus, ils se sont accoutumés au despotisme.

36 Lysandre[1] ayant remporté la victoire sur les Athéniens, on jugea les prisonniers; on accusa les Athéniens d'avoir précipité tous les captifs de deux galères, a résolu, en pleine assemblée, de couper le poing aux prisonniers qu'ils feraient. Ils furent tous égorgés, excepté Adymante, qui s'était opposé à ce décret. Lysandre reprocha à Philoclès, avant de le faire mourir, qu'il avait dépravé[2] les esprits, et fait des leçons de cruauté à toute la Grèce.

« Les Argiens [3], dit Plutarque[4], ayant fait mourir quatre cents de leurs citoyens, les Athéniens firent apporter les sacrifices d'expiation[5], afin qu'il plût aux

1. *Lysandre* : général spartiate qui remporta une grande victoire contre les Athéniens en 404 av. J.-C.
2. *Qu'il avait dépravé* : qu'il avait corrompu, perverti.
3. *Argiens* : habitants de l'Argolide, région du nord-est de la Grèce.
4. *Plutarque* : historien et moraliste grec du Ier siècle apr. J.-C.
5. *Expiation* : action visant à réparer une faute ou un crime.

dieux de détourner du cœur des Athéniens une si cruelle pensée. »

Il y a deux genres de corruption : l'un, lorsque le peuple n'observe point les lois; l'autre, lorsqu'il est corrompu par les lois; mal incurable, parce qu'il est dans le remède même.

[Livre VI]

13. Impuissance des lois japonaises

Les peines outrées [1] peuvent corrompre le despotisme même; jetons les yeux sur le Japon.

On y punit de mort presque tous les crimes, parce que la désobéissance à un si grand empereur que celui du Japon est un crime énorme. Il n'est pas question de corriger le coupable, mais de venger le prince. Ces idées sont tirées de la servitude [2], et viennent surtout de ce que l'empereur étant propriétaire de tous les biens, presque tous les crimes se font directement contre ses intérêts.

On punit de mort les mensonges qui se font devant les magistrats [3]; chose contraire à la défense naturelle.

Ce qui n'a point l'apparence d'un crime est là sévèrement puni; par exemple, un homme qui hasarde de l'argent au jeu est puni de mort.

Il est vrai que le caractère étonnant de ce peuple opiniâtre [4], capricieux, déterminé, bizarre, et qui brave tous les périls et tous les malheurs, semble, à la

1. *Outrées* : excessives.
2. *Servitude* : contrainte, perte de liberté politique. Peut aussi s'entendre au sens d'esclavage.
3. *Magistrats* : ceux dont la fonction est de rendre la justice.
4. *Opiniâtre* : persévérant, obstiné.

première vue, absoudre [1] ses législateurs de l'atrocité de leurs lois. Mais des gens qui naturellement méprisent la mort, et qui s'ouvrent le ventre pour la moindre fantaisie [2], sont-ils corrigés ou arrêtés par la vue continuelle des supplices? Et ne s'y familiarisent-ils pas?

Les Relations [3] nous disent, au sujet de l'éducation des Japonais, qu'il faut traiter les enfants avec douceur, parce qu'ils s'obstinent contre les peines; que les esclaves ne doivent point être trop rudement traités, parce qu'ils se mettent d'abord en défense. Par l'esprit qui doit régner dans le gouvernement domestique[4], n'aurait-on pas pu juger de celui qu'on devait porter dans le gouvernement politique et civil?

Un législateur sage aurait cherché à ramener les esprits par un juste tempérament[5] des peines et des récompenses; par des maximes de philosophie, de morale et de religion, assorties à ces caractères; par la juste application des règles de l'honneur; par le supplice de la honte; par la jouissance d'un bonheur constant et d'une douce tranquillité; et, s'il avait craint que les esprits, accoutumés à n'être arrêtés que par une peine cruelle, ne pussent plus l'être par une plus douce, il aurait agi d'une manière sourde et insensible; il aurait, dans les cas particuliers les plus

---

1. *Absoudre* : pardonner.
2. Allusion à la tradition des samouraï (guerriers japonais) qui se suicidaient en s'ouvrant le ventre (hara kiri) en cas de déshonneur.
3. *Relations* : ouvrages qui rapportent des faits, récits.
4. *Le gouvernement domestique* : la gestion des affaires privées, familiales.
5. *Tempérament* : mesure, modération.

graciables[1], modéré la peine du crime, jusqu'à ce qu'il eût pu parvenir à la modifier dans tous les cas.

Mais le despotisme ne connaît point ces ressorts ; il ne mène pas par ces voies. Il peut abuser de lui, mais c'est tout ce qu'il peut faire. Au Japon, il a fait un effort, il est devenu plus cruel que lui-même.

Des âmes, partout effarouchées et rendues plus atroces, n'ont pu être conduites que par une atrocité plus grande.

Voilà l'origine, voilà l'esprit des lois du Japon. Mais elles ont eu plus de fureur que de force. Elles ont réussi à détruire le christianisme ; mais des efforts si inouïs sont une preuve de leur impuissance. Elles ont voulu établir une bonne police, et leur faiblesse a paru encore mieux.

[Livre VI]

1. *Graciables* : susceptibles de grâce, de pardon.

Beccaria (1738-1794)
Des délits et des peines (1764)

Juriste italien, lecteur et admirateur de Rousseau, de Montesquieu et des encyclopédistes, Cesare Bonesana, marquis de Beccaria, fait paraître en 1764 son traité sans nom d'auteur à Livourne. Nous savons peu de chose de sa vie, si ce n'est qu'il a fréquenté les cafés littéraires et philosophiques de sa ville de Milan, véritables foyers d'idées progressistes. Le succès de son ouvrage le fera vite sortir de l'anonymat : décrié par le clergé et l'Inquisition, célébré par les intellectuels, il ne tardera guère à quitter les frontières italiennes. D'Alembert le lit dès 1765, et Voltaire l'année suivante. La portée de ce traité n'est en effet pas uniquement philosophique mais bien politique : il propose une révision – voire une révolution – du système législatif, en opposition avec le système de l'Ancien Régime.

Des délits et des peines s'ouvre sur une réflexion philosophique sur le droit de punir et les fondements de la législation en matière de justice criminelle, puis il passe en revue les différents délits et les peines qui y sont associées. La peine de mort est l'une des peines sur lesquelles il s'attarde en affirmant clairement sa position : il est favorable à l'abolition de la peine capitale, mais, au-delà de l'argument humaniste, il s'attache essentiellement à démontrer son inefficacité; il faut donc réfléchir à une peine de substitution.

XXVIII – De la peine de mort

Cette vaine profusion de supplices, qui n'ont jamais rendu les hommes meilleurs, m'a poussé à examiner si, dans un gouvernement bien organisé, la peine de mort est vraiment utile et juste. En vertu de quel droit les hommes peuvent-ils se permettre de tuer leurs semblables? Ce droit n'est certainement pas celui sur lequel reposent la souveraineté et les lois. Celles-ci ne sont que la somme des petites portions de liberté abandonnées par chaque individu; elles représentent la volonté générale, qui est la réunion des volontés particulières. Or qui aurait eu l'idée de concéder à d'autres le pouvoir de le tuer? Comment supposer que le minime sacrifice de liberté fait par chacun puisse comprendre celui du plus grand de tous les biens, la vie? Et quand cela serait, comment concilier ce principe avec celui qui refuse à l'homme le droit de se tuer lui-même? Et, n'ayant pas ce droit, comment pouvait-il l'accorder à un autre ou à la société?

La peine de mort n'est donc pas un droit, je viens de démontrer qu'elle ne peut pas l'être, mais une guerre de la nation contre un citoyen qu'elle juge nécessaire ou utile de supprimer. Mais si je prouve que cette peine n'est ni utile ni nécessaire, j'aurai fait triompher la cause de l'humanité.

La mort d'un citoyen ne peut être jugée utile que pour deux motifs : d'abord si, quoique privé de sa liberté, il a encore des relations et un pouvoir tels qu'il soit une menace pour la sécurité de la nation, et si son existence peut provoquer une révolution dangereuse pour la forme du gouvernement établi. La mort d'un citoyen devient donc nécessaire quand la nation est en train de recouvrer sa liberté ou de la perdre, dans une époque d'anarchie, quand c'est le désordre qui fait la loi. Mais sous le règne paisible de la légalité, sous un gouvernement approuvé par l'ensemble de la nation, bien défendu à l'extérieur et à l'intérieur par la force et par l'opinion peut-être plus efficace que la force, là où le pouvoir n'appartient qu'au véritable souverain, où la richesse achète les plaisirs et non l'autorité, il ne saurait y avoir aucune nécessité de faire périr un citoyen, à moins que sa mort ne soit le meilleur ou l'unique moyen de dissuader les autres de commettre des crimes, second motif qui peut faire regarder la peine de mort comme juste et nécessaire.

Si l'on n'est pas convaincu par l'expérience de tous les siècles, où le dernier supplice n'a jamais empêché des hommes résolus de nuire à la société, ni par l'exemple des citoyens romains, ni par les vingt ans de règne d'Élisabeth de Moscovie[1], qui a donné aux chefs des peuples un illustre exemple, qui équivaut pour le moins à bien des conquêtes que la patrie paie du sang de ses fils, si le langage de la raison paraît suspect et moins efficace que celui de l'autorité, il suffira d'étudier la nature de l'homme pour sentir la vérité de ce que j'avance.

Ce n'est pas la sévérité de la peine qui produit le plus d'effet sur l'esprit des hommes, mais sa durée. Notre sensibilité s'émeut plus facilement et de façon plus persistante d'impressions légères mais répétées que d'un choc violent mais passager. L'habitude

1. *Élisabeth de Moscovie* : Élisabeth Petrovna, impératrice de Russie de 1741 à 1762, fille de Pierre le Grand et de Catherine Ire. Son règne fut marqué par le développement du commerce, de l'industrie et de l'enseignement.

exerce un empire[1] universel sur tout être sensible, et comme c'est grâce à elle qu'il parle, qu'il marche et pourvoit à ses besoins, les idées morales ne s'impriment dans son esprit qu'à condition de le frapper longtemps et souvent. Le frein le plus puissant pour arrêter les crimes n'est pas le spectacle terrible mais momentané de la mort d'un scélérat, c'est le tourment d'un homme privé de sa liberté, transformé en bête de somme[2] et qui paie par ses fatigues le tort qu'il a fait à la société. Chacun de nous peut faire un retour sur lui-même et se dire : « Moi aussi je serai réduit pour longtemps à une condition aussi misérable si je commets de semblables forfaits. » Cette pensée, efficace parce que souvent répétée, agit bien plus puissamment que l'idée toujours vague et lointaine de la mort.

L'impression causée par la peine de mort ne compense pas, si forte soit-elle, l'oubli rapide où elle tombe, oubli naturel à l'homme, même dans les choses les plus essentielles, et que les passions accélèrent encore. En règle générale, les passions violentes saisissent vivement, mais jamais pour longtemps; cependant elles peuvent provoquer des révolutions qui, d'hommes ordinaires, font soit des Perses[3], soit des Spartiates[4]; mais, sous un gouvernement libre et tranquille, il faut des impressions durables plutôt que fortes.

1. *Empire* : pouvoir.
2. *Bête de somme* : animal destiné à porter les fardeaux. Allusion à la condamnation aux travaux forcés.
3. *Perses* : habitants de l'ancien Empire perse, dont la civilisation était brillante et raffinée.
4. *Spartiates* : habitants de Sparte, ville de Grèce, rivale d'Athènes, réputée pour son gouvernement autoritaire et son éducation rigoureuse.

Pour la plupart des gens la peine de mort est un spectacle et, pour quelques-uns, l'objet d'une compassion mêlée de mépris ; chacun de ces deux sentiments occupe l'esprit des spectateurs, au lieu de la terreur salutaire que la loi prétend inspirer, tandis qu'en présence de peines modérées, mais qui durent, c'est ce dernier sentiment qui domine ou qui règne seul. La rigueur des châtiments devrait s'arrêter au point où le sentiment de compassion des spectateurs commence à prévaloir sur tout autre, devant un supplice fait pour eux plus encore que pour le coupable.

Pour qu'une peine soit juste, elle ne doit avoir que le degré de rigueur suffisant pour détourner du crime. Or il n'est personne qui, en y réfléchissant, puisse choisir la perte totale et définitive de sa liberté, si avantageux que puisse être le crime.

Ainsi donc les travaux forcés à perpétuité, substitués à la peine de mort, ont toute la sévérité voulue pour détourner du crime l'esprit le plus déterminé. Je dirai plus : beaucoup de gens regardent la mort d'un œil tranquille et ferme, les uns par fanatisme, d'autres par vanité, sentiment qui accompagne les hommes au-delà du tombeau ; d'autres enfin veulent tenter ce moyen désespéré d'échapper à leur vie de misères. Mais ni le fanatisme ni la vanité ne persistent dans les fers et les chaînes, sous le bâton et sous le joug [1], dans une cage de fer, et les maux du malheureux, au lieu de finir, ne font alors que commencer. Notre âme supporte à la rigueur la violence et les douleurs extrêmes mais passagères en ramassant sur un seul moment sa force de résistance, tandis que sa vigueur et son élasti-

1. *Joug* : au sens propre, pièce de bois servant à atteler vaches et bœufs ; au sens figuré, contrainte.

cité mêmes ne peuvent à la longue endurer des tourments incessants. Si l'on applique la peine de mort, il faut un crime pour chaque exemple qu'on donne à la nation ; avec la détention perpétuelle, chaque délit donne des exemples nombreux et durables. Si l'on tient à montrer fréquemment aux hommes le pouvoir des lois, les exécutions capitales ne doivent pas être trop éloignées les unes des autres ; elles supposent donc de fréquents délits ; il s'ensuit nécessairement que ce supplice, qu'on veut utile, ne fera pas toute l'impression qu'il devrait faire ; il est donc à la fois utile et inutile. On m'objectera peut-être que la réclusion[1] perpétuelle est aussi douloureuse que la mort, et par conséquent tout aussi cruelle ; je répondrai qu'elle le sera peut-être davantage, si on additionne tous les moments malheureux qu'elle comporte, mais ceux-ci s'étendent sur toute la vie, alors que la mort déploie toute sa force en un seul instant ; et c'est l'avantage de la peine de réclusion, d'épouvanter plus celui qui la voit que celui qui la subit, parce que le premier considère la somme de tous les moments pénibles et que le second est distrait par le malheur présent de la pensée des peines à venir. L'imagination exagère tous les maux, et celui qui subit une peine trouve des ressources et des consolations inconnues des spectateurs, car ceux-ci prêtent leurs propres sentiments à l'âme endurcie du malheureux. [...]

La peine de mort est nuisible par l'exemple de cruauté qu'elle donne. Si les passions ont rendu la guerre inévitable et enseigné à répandre le sang, les lois, dont le but est d'assagir les hommes, ne devraient pas étendre cet exemple de férocité, d'autant plus

1. *Réclusion* : enfermement.

funeste qu'elles donnent la mort avec plus de formes et de méthode. Il me paraît absurde que les lois, qui sont l'expression de la volonté générale, qui réprouvent et punissent l'homicide[1], en commettent elles-mêmes et, pour détourner les citoyens de l'assassinat, ordonnent l'assassinat public. Quelles sont les lois vraiment utiles? Ce sont les pactes et les conventions que tous seraient prêts à proposer et à observer, alors que la voix, toujours trop écoutée, de l'intérêt particulier se tait ou se mêle à celle de l'intérêt commun. Quel est le sentiment général sur la peine de mort? On peut le lire dans l'indignation et le mépris qu'inspire la vue du bourreau, qui n'est pourtant que l'exécuteur innocent de la volonté publique, un bon citoyen qui contribue au bien de tous, l'instrument nécessaire de la sûreté de l'État au-dedans, de même que les vaillants soldats la défendent au-dehors. D'où vient alors cette contradiction? Et pourquoi cette répulsion invincible qui fait honte à la raison? Parce que, au plus secret de leur âme, où les sentiments naturels gardent encore leur forme primitive, les hommes ont toujours cru que leur vie n'est au pouvoir de personne, si ce n'est de la nécessité qui tient le monde entier sous son sceptre de fer. [...]

Si l'on m'oppose l'exemple de la plupart des siècles et des nations qui ont appliqué la peine de mort à certains délits, je répondrai que cet exemple perd toute sa force devant la vérité imprescriptible[2] et que l'histoire de l'humanité est comme un immense océan d'erreurs où surnagent en désordre, éparses çà

1. *Homicide* : assassinat.
2. *Imprescriptible* : qui ne peut être modifié au bout d'un certain temps, invariable.

et là, quelques vérités. Presque toutes les nations ont pratiqué les sacrifices humains; en sont-elles plus excusables? Il me suffit, pour appuyer mon opinion, qu'un petit nombre de sociétés se soient abstenues, fût-ce pour peu de temps, d'employer la peine de mort; c'est en effet le sort des grandes vérités de durer l'espace d'un éclair au milieu de la longue et profonde nuit qui enveloppe le monde. Ils ne sont pas encore venus, les temps heureux où c'est la vérité, et non plus l'erreur, qui sera le partage du plus grand nombre; seules ont été exemptes jusqu'ici de cette loi universelle les vérités que la Sagesse infinie a voulu distinguer des autres par la révélation. […]

Heureux le genre humain, si, pour la première fois, des lois lui étaient données par des souverains tels que nous en voyons aujourd'hui sur les trônes d'Europe, monarques bienfaisants, promoteurs des vertus pacifiques, des sciences et des arts, pères de leurs peuples, véritables citoyens couronnés! L'affermissement de leur pouvoir fait le bonheur des sujets en supprimant un despotisme d'autant plus cruel qu'il est moins assuré, qui s'interpose entre le souverain et le peuple pour étouffer les vœux de celui-ci, ces vœux toujours sincères, et toujours heureux lorsqu'ils peuvent se faire entendre du prince. Si ces monarques laissent subsister les anciennes lois, c'est qu'il est extrêmement difficile de faire disparaître des erreurs que recouvre la rouille vénérable des siècles, et c'est un motif pour que tout citoyen éclairé souhaite avec plus d'ardeur l'accroissement continuel de leur autorité.

Voltaire (1694-1778)
Commentaire sur l'ouvrage «Des délits et des peines» (1766)

Écrivain et philosophe français, François-Marie Arouet, dit Voltaire, s'est très tôt distingué par des écrits satiriques et des engagements philosophiques et politiques qui lui valurent des passages en prison, puis l'exil. Comme Montesquieu, son séjour en Angleterre va influencer sa conception d'un régime politique respectueux de la liberté, tel qu'il le présente dans ses *Lettres philosophiques* en 1734. Défenseur des victimes de l'injustice, Voltaire lutte pendant trois ans pour la réhabilitation du protestant Jean Calas, accusé sans preuve du meurtre de son fils; il obtient sa réhabilitation en 1765. C'est au cours de cette période qu'il publie son *Traité sur la tolérance*.

C'est en 1766 que l'abbé Morellet, un encyclopédiste, traduit en français l'ouvrage de Beccaria, *Des délits et des peines*. Voltaire s'enthousiasme pour le courage de ce jeune auteur italien et son humanité, et rédige la même année un commentaire de ce texte. Il reprendra la condamnation de la peine de mort au nom de l'utilité sociale et du respect de la vie humaine, tout en affirmant la nécessité d'instaurer une peine de substitution.

I. Occasion de ce commentaire

J'étais plein de la lecture du petit livre *Des délits et des peines,* qui est en morale ce que sont en médecine le peu de remèdes dont nos maux pourraient être soulagés. Je me flattais que cet ouvrage adoucirait ce qui reste de barbare dans la jurisprudence[1] de tant de nations; j'espérais quelque réforme dans le genre humain, lorsqu'on m'apprit qu'on venait de pendre, dans une province, une fille de dix-huit ans, belle et bien faite, qui avait des talents utiles, et qui était d'une très honnête famille.

Elle était coupable de s'être laissé faire un enfant; elle l'était encore davantage d'avoir abandonné son fruit [2]. Cette fille infortunée, fuyant la maison paternelle, est surprise des douleurs de l'enfantement; elle est délivrée [3] seule et sans secours auprès d'une fontaine. La honte, qui est dans le sexe [4] une passion violente, lui donna assez de force pour revenir à la maison de son père, et pour y cacher son état. Elle laisse son enfant exposé, on le trouve mort le lendemain; la mère est découverte, condamnée à la potence [5], et exécutée.

La première faute de cette fille, ou doit être renfermée dans le secret de sa famille, ou ne mérite que la protection des lois, parce que c'est au séducteur à réparer le mal qu'il a fait, parce que la faiblesse a droit à l'indulgence, parce que tout parle en faveur d'une fille dont la grossesse connue flétrit sa réputation, et

1. *Jurisprudence* : ensemble des principes et des décisions de justice.
2. *Son fruit* : son enfant.
3. *Elle est délivrée* : elle accouche.
4. *Dans le sexe* : chez le sexe féminin, chez les femmes.
5. *Condamnée à la potence* : condamnée à la pendaison.

que la difficulté d'élever son enfant est encore un grand malheur de plus.

La seconde faute est plus criminelle : elle abandonne le fruit de sa faiblesse, et l'expose à périr.

Mais parce qu'un enfant est mort, faut-il absolument faire mourir la mère ? Elle ne l'avait pas tué ; elle se flattait que quelque passant prendrait pitié de cette créature innocente ; elle pouvait même être dans le dessein d'aller retrouver son enfant, et de lui faire donner les secours nécessaires. Ce sentiment est si naturel qu'on doit le présumer dans le cœur d'une mère. La loi est positive contre la fille dans la province dont je parle ; mais cette loi n'est-elle pas injuste, inhumaine, et pernicieuse [1] ? Injuste parce qu'elle n'a pas distingué entre celle qui tue son enfant et celle qui l'abandonne ; inhumaine, en ce qu'elle fait périr cruellement une infortunée à qui on ne peut reprocher que sa faiblesse et son empressement à cacher son malheur ; pernicieuse en ce qu'elle ravit à la société une citoyenne qui devait donner des sujets à l'État, dans une province où l'on se plaint de la dépopulation.

La charité n'a point encore établi dans ce pays des maisons secourables où les enfants exposés soient nourris. Là où la charité manque, la loi est toujours cruelle. Il valait bien mieux prévenir [2] ces malheurs, qui sont assez ordinaires, que se borner à les punir. La véritable jurisprudence est d'empêcher les délits, et non de donner la mort à un sexe faible, quand il est évident que sa faute n'a pas été accompagnée de malice [3], et qu'elle a coûté à son cœur.

1. *Pernicieuse* : qui cause du mal.
2. *Prévenir* : empêcher.
3. *Malice* : intention de faire le mal.

Assurez, autant que vous le pourrez, une ressource à quiconque sera tenté de mal faire, et vous aurez moins à punir.

X. De la peine de mort

On a dit, il y a longtemps, qu'un homme pendu n'est bon à rien, et que les supplices inventés pour le bien de la société doivent être utiles à cette société. Il est évident que vingt voleurs vigoureux, condamnés à travailler aux ouvrages publics toute leur vie, servent l'État par leur supplice, et que leur mort ne fait de bien qu'au bourreau, que l'on paye pour tuer les hommes en public. Rarement les voleurs sont-ils punis de mort en Angleterre ; on les transporte dans les colonies. Il en est de même dans les vastes États de la Russie ; on n'a exécuté aucun criminel sous l'empire de l'autocratrice [1] Élisabeth [2]. Catherine II [3], qui lui a succédé, avec un génie très supérieur, suit la même maxime. Les crimes ne se sont point multipliés par cette humanité, et il arrive presque toujours que les coupables relégués en Sibérie y deviennent gens de bien. On remarque la même chose dans les colonies anglaises. Ce changement heureux nous étonne ; mais rien n'est plus naturel. Ces condamnés sont forcés à un travail continuel pour vivre. Les occasions du vice leur manquent : ils se marient, ils peuplent. Forcez les hommes au travail, vous les rendrez honnêtes gens. On sait assez que ce n'est pas à la campagne que se

1. *Autocratrice* : qui gouverne en autocrate, avec une autorité sans limites.
2. *Élisabeth* : voir la note 1, p. 42.
3. *Catherine II* : Catherine la Grande, impératrice de Russie de 1762 à 1796. Elle fut l'amie de Voltaire.

commettent les grands crimes, excepté peut-être quand il y a trop de fêtes, qui forcent l'homme à l'oisiveté, le conduisent à la débauche.

On ne condamnait un citoyen romain à mourir que pour des crimes qui intéressaient le salut de l'État. Nos maîtres, nos premiers législateurs, ont respecté le sang de leurs compatriotes; nous prodiguons[1] celui des nôtres.

On a longtemps agité cette question délicate et funeste, s'il est permis aux juges de punir de mort quand la loi ne prononce pas expressément le dernier supplice. Cette difficulté fut solennellement débattue devant l'empereur Henri VI[2]. Il jugea et décida qu'aucun juge ne peut avoir ce droit.

Il y a des affaires criminelles, ou si imprévues, ou si compliquées, ou accompagnées de circonstances si
52 bizarres, que la loi elle-même a été forcée dans plus d'un pays d'abandonner ces cas singuliers à la prudence des juges. Mais s'il se trouve en effet une cause dans laquelle la loi permette de faire mourir un accusé qu'elle n'a pas condamné, il se trouvera mille causes dans lesquelles l'humanité, plus forte que loi, doit épargner la vie de ceux que la loi elle-même a dévoués à la mort.

L'épée de la justice est entre nos mains; mais nous devons plus souvent l'émousser que la rendre plus tranchante. On la porte dans son fourreau devant les rois, c'est pour nous avertir de la tirer rarement.

On a vu des juges qui aimaient à faire couler le sang; tel était Jeffreys[3], en Angleterre; tel était, en

---

1. *Nous prodiguons* : nous dépensons sans compter, nous gaspillons.
2. *Henri VI* : empereur germanique (1190-1197).
3. *Jeffreys* : homme politique anglais (1645-1689), chancelier du roi Jacques II, particulièrement injuste et cruel.

France, un homme à qui l'on donna le surnom de *coupe-tête.* De tels hommes n'étaient pas nés pour la magistrature[1]; la nature les fit pour être bourreaux.

1. *Magistrature* : corps des magistrats (voir la note 3, p. 37).

Duport (1759-1798)
Discours sur la peine de mort – 31 mai 1791

Homme politique, député de la noblesse de Paris aux États généraux[1], il sera l'un des premiers à se rallier au tiers état. À l'Assemblée constituante, il tentera de concilier les idéaux révolutionnaires et le système monarchique. Il présentera en 1790 un rapport sur l'organisation de la justice et sera à l'origine de l'institution des jurys. Hostile à la déchéance du roi et favorable à l'instauration d'une monarchie constitutionnelle, il quittera la France pour l'Angleterre, puis la Suisse.

Les philosophes des Lumières avaient introduit une réflexion critique sur le système judiciaire et les peines, mais c'est la Révolution française qui va mettre en place une réforme générale des lois pénales. Le projet de suppression de la peine de mort et de son remplacement par un enfermement en cachot obscur au pain et à l'eau est présenté par Duport, soutenu par Robespierre, mais, malgré ce discours, la majorité va voter le maintien de la peine capitale en instaurant la décapitation comme mode d'exécution. C'est le début du règne de la guillotine.

1. *États généraux* : assemblée politique de l'Ancien Régime convoquée par le roi et réunissant des membres des trois ordres, ou états, la noblesse, le clergé et le tiers état (population n'appartenant pas à la noblesse).

Discours sur la peine de mort – 31 mai 1791

Qu'est-ce que la mort? La condition de l'existence; une obligation que la nature nous impose à tous en naissant, et à laquelle nul ne peut se soustraire. Que fait-on donc en immolant[1] un coupable? que hâter le moment d'un événement certain; qu'assigner une époque au hasard de son dernier instant. N'est-on pas déjà surpris qu'une règle immuable de la nature soit devenue, entre les mains des hommes, une loi pénale; qu'ils aient fait un supplice, d'un événement commun à tous les hommes? Comment ose-t-on leur apprendre qu'il n'y a de différence matérielle entre une maladie et un crime, si ce n'est que celui-ci fait passer, avec moins de douleur, de la vie au trépas[2]? Comment n'a-t-on pas craint de détruire la moralité dans les hommes et d'y substituer les principes d'une aveugle fatalité, lorsqu'on les accoutume à voir deux effets semblables résulter de causes si différentes?

Les scélérats qui, comme presque tous les hommes, ne sont guère affectés que par les effets, ne sont malheureusement que trop frappés de cette analogie; ils la consacrent dans leurs maximes; on la retrouve dans leurs propos habituels : ils disent tous que la mort n'est qu'un mauvais quart d'heure, qu'elle est un accident de plus dans leur état; ils se comparent au couvreur, au matelot, à ces hommes dont la profession honorable et utile offre à la mort plus de prises et des chances multipliées. Leur esprit s'habitue à ces calculs, leur âme se fait à ces idées, et,

1. *Immolant* : tuant en sacrifice.
2. *Trépas* : mort.

dès lors, vos supplices perdent tout effet sur leur imagination.

Législateurs, quoi que vous fassiez, vos lois n'empêcheront pas que la mort ne soit nécessaire pour l'honnête homme comme pour l'assassin. Que faites-vous de plus contre ce dernier? Vous rendez son époque un peu moins incertaine; et c'est de cette légère différence que vous attendez tout votre système de répression[1]! Vous oubliez qu'il n'y a que la mort actuelle qui puisse être vraiment répressive; voilà la source de l'erreur. On dit qu'il n'est pas d'homme sur lequel elle n'ait une grande influence; je l'avoue, lorsqu'elle est devant ses yeux, inévitable et instante[2]; mais, sitôt que son image ne se présente que dans un avenir éloigné, elle s'enveloppe de nuages, on ne l'aperçoit plus qu'à travers les illusions de l'espérance; alors elle cesse d'agir sur l'imagination, elle cesse de devenir un motif ou un obstacle à nos actions.

Je vais plus loin : l'assassin est-il le seul qui coure le risque de hâter la fin de sa vie? L'officier civil, le militaire, le simple citoyen ne doivent-ils pas être prêts à s'offrir à la mort plutôt que de trahir leur devoir? C'est vous-mêmes qui le leur prescrivez. Mais comment espérez-vous assouplir ainsi l'esprit des hommes et en modifier leurs pensées au point de les diriger à votre gré vers des idées contradictoires? Quelle est votre position? Vous n'avez que la mort à offrir au crime et à la vertu. Vous la montrez également au héros et à l'assassin : à l'un, à la vérité, comme un devoir qui l'associe à une gloire immortelle; à l'autre, comme un

1. *Répression* : punition des fautes et des crimes.
2. *Instante* : proche et inévitable.

supplice ignominieux[1]. Mais c'est donc encore sur une distinction subtile et métaphysique[2] que s'appuie uniquement le ressort[3] que vous employez ; c'est dans l'amour de l'estime, dans la crainte du blâme que vous cherchez à trouver le seul mobile qui doit animer les hommes ou les contenir. Vous réussissez sans doute pour l'homme vertueux, que l'on peut aisément diriger par ce genre d'influence ; mais aussi vous échouez nécessairement contre le scélérat ; celui-ci ne voit que l'effet matériel dans votre supplice ; sa moralité ne saurait l'atteindre. L'infamie ne le touche point ; la peine, pour lui, n'est que la mort : la mort n'est qu'un mauvais quart d'heure.

1. *Ignominieux* : déshonorant.
2. *Métaphysique* : philosophique et morale.
3. *Le ressort* : le moyen, le procédé.

Présentation de la guillotine à Louis XVI (1754-1793), roi de France. D'après une peinture de E. Klein.

Exécution de Louis XVI, le 21 janvier 1793.
(Bibliothèque historique de la ville de Paris.)

II

LE XIXe SIÈCLE

1829-1908

Pers :

sentim^t / sensibilité

procédés stylistiques

- Lexique du sentim^t

- Modalisateur ≠ ou ≈ 1 degré de cert for

- 1re à 2e pers : Déictiques

- bcp de termes concrets.

- Modalité ! à ? Int Ex

- bcp de procédés stylistiques

convaincre.

utilise la logique ; fait appel à l'intell du lecteur

insister sur le raisonem^t ; objectivité

- Liens lgique ; termes de progression

- modalisateur faibles

- peu de term concr-

- peu ou pas 2 modalité particulières

phrases déclaratives

- peu ou pas de procédé styl.

Lamartine (1790-1869)
« Contre la peine de mort » (1830)

Alphonse de Lamartine est l'un des grands poètes romantiques, et ses *Méditations poétiques* (1820) constituent l'un des actes de naissance du romantisme. Il mène de front une carrière poétique et une carrière politique : de sensibilité légitimiste[1], il va évoluer vers la gauche et devenir en 1848 le chef du Gouvernement provisoire de la République. Pour lui, l'humanité est en marche vers le progrès, et la Révolution ne doit pas être interprétée en fonction de ses atrocités mais comme une étape introduisant l'égalité. Lamartine n'a cessé de mettre son talent oratoire au service des causes qu'il jugeait importantes : il a réclamé l'instruction du peuple, l'abolition de l'esclavage et de la peine de mort, la liberté de la presse, etc.

Dans ses *Odes politiques*, l'« Ode contre la peine de mort » a une place particulière.

La révolution de juillet 1830 voit la fin de la Restauration (et du règne de Charles X) et l'instauration de la monarchie de Juillet avec Louis-Philippe. Le 27 septembre 1830, la Chambre demande dans une adresse au roi accueillie favorablement par Louis-Philippe l'abolition de la peine de mort en matière politique. Mais le 17 et

1. *Légitimiste* : favorable à une monarchie héritée directement de l'Ancien Régime.

le 18 octobre de violentes manifestations populaires réclament la mort des ministres de Charles X emprisonnés à Vincennes. Lamartine s'indigne contre cette violence meurtrière par laquelle le peuple trahit ses aspirations à la justice et à la liberté.

Contre la peine de mort

Au peuple du 19 octobre 1830.

Vains efforts ! périlleuse audace !
Me disent des amis au geste menaçant,
Le lion même fait-il grâce
Quand sa langue a léché du sang ?
Taisez-vous ! ou chantez comme rugit la foule !
Attendez pour passer que le torrent s'écoule
De sang et de lie écumant !
On peut braver Néron[1], cette hyène de Rome !
Les brutes ont un cœur ! le tyran est un homme :
Mais le peuple est un élément ;

Élément qu'aucun frein ne dompte,
Et qui roule semblable à la fatalité ;
Pendant que sa colère monte,
Jeter un cri d'humanité,
C'est au sourd Océan qui blanchit son rivage
Jeter dans la tempête un roseau de la plage,
La feuille sèche à l'ouragan !
C'est aiguiser le fer pour soutirer la foudre,
Ou poser pour l'éteindre un bras réduit en poudre
Sur la bouche en feu du volcan !

1. *Néron* : empereur romain (37-68) qui régna de manière tyrannique et extravagante et élimina dans le sang ses ennemis politiques.

Souviens-toi du jeune poète,
Chénier [1] ! dont sous tes pas le sang est encor chaud,
Dont l'histoire en pleurant répète
Le salut triste à l'échafaud.
Il rêvait, comme toi, sur une terre libre
Du pouvoir et des lois le sublime équilibre ;
Dans ses bourreaux il avait foi !
Qu'importe? il faut mourir, et mourir sans mémoire :
Eh bien ! mourons, dit-il. Vous tuez de la gloire :
J'en avais pour vous et pour moi !

[...]

Peuple, dirais-je, écoute ! et juge !
Oui, tu fus grand, le jour où du bronze affronté
Tu le couvris comme un déluge
Du reflux de la liberté !
Tu fus fort, quand pareil à la mer écumante,
Au nuage qui gronde, au volcan qui fermente,
Noyant les gueules du canon,
Tu bouillonnais semblable au plomb dans la fournaise,
Et roulais furieux sur une plage anglaise
Trois couronnes dans ton limon [2] !

[...]

Tu reposais dans ta justice
Sur la foi des serments conquis, donnés, reçus ;

---

1. *Chénier* : André Chénier, poète français (1762-1794), d'abord favorable à la Révolution, il critiqua les excès de la Terreur et mourut guillotiné.
2. La révolution de 1830 contraignit Charles X, son fils, le duc d'Angoulême, et son petit-fils, le duc de Bordeaux, à s'exiler en Angleterre.

Un jour brise dans un caprice [1]
Les nœuds par deux règnes tissus [2] !
Tu t'élances bouillant de honte et de délire :
Le lambeau mutilé du gage qu'on déchire
Reste dans les dents du lion.
On en appelle au fer ; il t'absout ! Qu'il se lève
Celui qui jetterait ou la pierre, ou le glaive
À ton jour d'indignation !

Mais tout pouvoir a des salaires
À jeter aux flatteurs qui lèchent ses genoux,
Et les courtisans populaires
Sont les plus serviles de tous !
Ceux-là des rois honteux pour corrompre les âmes
Offrent les pleurs du peuple, ou son or, ou ses femmes,
Aux désirs d'un maître puissant ;

Les tiens, pour caresser des penchants plus sinistres,
Te font sous l'échafaud, dont ils sont les ministres,
Respirer des vapeurs de sang !

Dans un aveuglement funeste,
Ils te poussent de l'œil vers un but odieux,
Comme l'enfer poussait Oreste [3],
En cachant le crime à ses yeux !
La soif de ta vengeance, ils l'appellent justice :
Et bien, justice soit ! Est-ce un droit de supplice
Qui par tes morts fut acheté ?

---

1. Le 25 juillet 1830, Charles X édictait quatre ordonnances, qui restreignaient les libertés et mettaient un frein à la démocratie.

2. *Tissus* : tissés.

3. *Oreste* : personnage de la mythologie grecque, fils d'Agamemnon et de Clytemnestre. Il tua sa mère qui avait assassiné son père, mais se banda les yeux pour ne pas contempler son crime.

Que feras-tu, réponds, du sang qu'on te demande?
Quatre têtes sans tronc [1], est-ce donc là l'offrande
D'un grand peuple à sa liberté ?

[...]

Songe au passé, songe à l'aurore
De ce jour orageux levé sur nos berceaux ;
Son ombre te rougit encore
Du reflet pourpré des ruisseaux !
Il t'a fallu dix ans de fortune et de gloire
Pour effacer l'horreur de deux pages d'histoire.
Songe à l'Europe qui te suit
Et qui dans le sentier que ton pied fort lui creuse
Voit marcher tantôt sombre et tantôt lumineuse
Ta colonne qui la conduit !

Veux-tu que sa liberté feinte
Du carnage civique arbore aussi la faux [2] ?
Et que partout sa main soit teinte
De la fange [3] des échafauds ?
Veux-tu que le drapeau qui la porte aux deux mondes,
Veux-tu que les degrés [4] du trône que tu fondes,
Pour piédestal aient un remords ?
Et que ton Roi, fermant sa main pleine de grâces,
Ne puisse à son réveil descendre sur tes places,
Sans entendre hurler la mort ?

1. *Quatre têtes sans tronc* : il s'agit des quatre ministres de Charles X dont l'exécution est réclamée.
2. *Faux* : instrument d'agriculture constitué d'une longue lame peu courbée, la faux accompagne les représentations traditionnelles de la mort.
3. *Fange* : boue.
4. *Degrés* : marches.

Aux jours de fer de tes annales [1]
Quels dieux n'ont pas été fabriqués par tes mains ?
Des divinités infernales
Reçurent l'encens des humains !
Tu dressas des autels à la terreur publique,
À la peur, à la mort, Dieux de ta République ;
Ton grand prêtre fut ton bourreau !
De tous ces dieux vengeurs qu'adora ta démence,
Tu n'en oublias qu'un, ô peuple ! la Clémence [2] !
Essayons d'un [3] culte nouveau.

Le jour qu'oubliant ta colère,
Comme un lutteur grandi qui sent son bras plus fort,
De l'héroïsme populaire
Tu feras le dernier effort ;
Le jour où tu diras : Je triomphe et pardonne !...
Ta vertu montera plus haut que ta colonne
Au-dessus des exploits humains ;
Dans des temples voués à ta miséricorde [4]
Ton génie unira la force et la concorde [5],
Et les siècles battront des mains !

« Peuple, diront-ils, ouvre une ère
» Que dans ses rêves seuls l'humanité tenta,
» Proscris [6] des codes de la terre
» La mort que le crime inventa !
» Remplis de ta vertu l'histoire qui la nie,

1. *Tes annales* : ton histoire.
2. *Clémence* : bonté, pardon.
3. *Essayons d'un* : essayons un.
4. *Miséricorde* : bonté, pitié.
5. *Concorde* : harmonie, entente.
6. *Proscris* : interdis, bannis.

» Réponds par tant de gloire à tant de calomnie !
» Laisse la pitié respirer !
» Jette à tes ennemis des lois plus magnanimes [1],
» Ou si tu veux punir, inflige à tes victimes
» Le supplice de t'admirer !

» Quitte enfin la sanglante ornière [2]
» Où se traîne le char des révolutions,
» Que ta halte soit la dernière
» Dans ce désert des nations ;
» Que le genre humain dise en bénissant tes pages :
» C'est ici que la France a de ses lois sauvages
» Fermé le livre ensanglanté ;
» C'est ici qu'un grand peuple, au jour de la justice,
» Dans la balance humaine, au lieu d'un vil supplice,
» Jeta sa magnanimité. »

Mais le jour où le long des fleuves 69
Tu reviendras, les yeux baissés sur tes chemins,
Suivi, maudit par quatre veuves [3],
Et par des groupes d'orphelins,
De ton morne triomphe en vain cherchant la fête,
Les passants se diront, en détournant la tête :
Marchons, ce n'est rien de nouveau !
C'est, après la victoire, un peuple qui se venge ;
Le siècle en a menti ; jamais l'homme ne change :
Toujours, ou victime, ou bourreau !

---

1. *Magnanimes* : généreux, bienveillants.
2. *Ornière* : trace creusée par la roue des voitures dans les chemins.
3. Les veuves des ministres de Charles X.

Victor Hugo (1802-1885)

Romancier, poète et dramaturge, Victor Hugo fut aussi un écrivain engagé. Par ses œuvres, mais aussi une implication directe dans la vie politique, il n'eut de cesse de lutter contre les injustices sociales, le sort des plus pauvres, mais aussi les violences que constituaient le bagne (*Les Misérables*), l'esclavage ou la peine de mort. Il multipliera les interventions au Parlement, dans les cours d'assises ou auprès des chefs d'État et de gouvernement pour obtenir la grâce de certains condamnés. La foi chrétienne de Victor Hugo s'ajoute à son humanisme pour condamner la peine de mort comme une monstruosité et vient nourrir sa vision de la fonction du poète : un être qui doit guider l'humanité vers la lumière et le bien.

Préface au *Dernier Jour d'un condamné* (1829)

Ce texte apparaît comme une justification de l'écriture et de la publication du *Dernier jour d'un condamné* : Victor Hugo y expose les motifs qui l'ont conduit à lutter contre la peine de mort : son engagement est d'abord affectif. Le spectacle des exécutions l'a traumatisé – il y reviendra dans *La Légende des siècles* – et a suscité chez lui une réflexion nourrie de la lecture de Montesquieu et de Beccaria. Mais le poète ne se contente pas de dénoncer cette pratique et d'en montrer l'inefficacité ainsi que l'hypocrisie de ses défenseurs : il développe un modèle de société et de relations humaines, reposant sur l'amour et le message biblique, qui garantirait – par l'éducation et l'amélioration des conditions de vie de tous – une société pacifiée, solidaire et juste.

Depuis, chaque fois qu'au gré des funèbres jeudis de la cour de cassation [1], il arrivait un de ces jours où le cri d'un arrêt de mort se fait dans Paris, chaque fois que l'auteur entendait passer sous ses fenêtres ces hurlements enroués qui ameutent des spectateurs pour la Grève [2], chaque fois, la douloureuse idée lui revenait, s'emparait de lui, lui emplissait la tête de gendarmes, de bourreaux et de foule, lui expliquait heure par heure les dernières souffrances du misérable agonisant – en ce moment on le confesse, en ce moment on lui coupe les cheveux, en ce moment on lui lie les mains –, le sommait, lui pauvre poète, de dire tout cela à la société, qui fait ses affaires pendant que cette chose monstrueuse s'accomplit, le pressait, le poussait, le secouait, lui arrachait ses vers de l'esprit, s'il était en train d'en faire, et les tuait à peine ébauchés, barrait tous ses travaux, se mettait en travers de tout, l'investissait, l'obsédait, l'assiégeait. C'était un supplice, un supplice qui commençait avec le jour, et qui durait, comme celui du misérable qu'on torturait au même moment, jusqu'à *quatre heures*. Alors seulement, une fois le *ponens caput expiravit* [3] par la voix sinistre de

1. *Cour de cassation* : tribunal qui prend en dernière instance la décision de la condamnation et de la peine.
2. *La (place de) Grève* : place de Paris (actuelle place de l'Hôtel-de-Ville) qui fut le lieu des exécutions capitales de 1310 à 1830.
3. *Ponens caput expiravit* : « Posant la tête, il expira. »

l'horloge, l'auteur respirait et retrouvait quelque liberté d'esprit. Un jour enfin, c'était, à ce qu'il croit, le lendemain de l'exécution d'Ulbach[1], il se mit à écrire ce livre. Depuis lors il a été soulagé. Quand un de ces crimes publics, qu'on nomme exécutions judiciaires, a été commis, sa conscience lui a dit qu'il n'en était plus solidaire; et il n'a plus senti à son front cette goutte de sang qui rejaillit de la Grève sur la tête de tous les membres de la communauté sociale.

Toutefois, cela ne suffit pas. Se laver les mains est bien, empêcher le sang de couler serait mieux.

Aussi ne connaîtrait-il pas de but plus élevé, plus saint, plus auguste que celui-là : concourir à l'abolition de la peine de mort. Aussi est-ce du fond du cœur qu'il adhère aux vœux et aux efforts des hommes généreux de toutes les nations qui travaillent depuis plusieurs années à jeter bas l'arbre patibulaire[2], le seul arbre que les révolutions ne déracinent pas. C'est avec joie qu'il vient à son tour, lui chétif, donner son coup de cognée[3], et élargir de son mieux l'entaille que Beccaria a faite, il y a soixante-six ans, au vieux gibet dressé depuis tant de siècles sur la chrétienté.

[...]

Qu'avez-vous à alléguer pour la peine de mort?

Nous faisons cette question sérieusement; nous la faisons pour qu'on y réponde; nous la faisons aux criminalistes[4], et non aux lettrés bavards. Nous savons

---

1. Louis d'Ulbach, coupable d'un crime passionnel, fut exécuté en 1827.
2. *Patibulaire* : qui appartient au gibet (où l'on pratique les pendaisons).
3. *Cognée* : hache pour couper le bois.
4. *Criminalistes* : juristes spécialistes de l'étude des crimes et des criminels.

qu'il y a des gens qui prennent l'excellence de la peine de mort pour texte à paradoxe[1] comme tout autre thème. Il y en a d'autres qui n'aiment la peine de mort que parce qu'ils haïssent tel ou tel qui l'attaque. C'est pour eux une question quasi littéraire, une question de personnes, une question de noms propres. Ceux-là sont les envieux, qui ne font pas plus faute aux bons jurisconsultes[2] qu'aux grands artistes.

Ce n'est pas à eux que nous nous adressons, mais aux hommes de loi proprement dits, aux dialecticiens[3], aux raisonneurs, à ceux qui aiment la peine de mort pour la peine de mort, pour sa beauté, pour sa bonté, pour sa grâce.

Voyons, qu'ils donnent leurs raisons.

Ceux qui jugent et qui condamnent disent la peine de mort nécessaire. D'abord, – parce qu'il importe de retrancher de la communauté sociale un membre qui lui a déjà nui et qui pourrait lui nuire encore. – S'il ne s'agissait que de cela, la prison perpétuelle suffirait. À quoi bon la mort ? Vous objectez qu'on peut s'échapper d'une prison ? faites mieux votre ronde[4]. Si vous ne croyez pas à la solidité des barreaux de fer, comment osez-vous avoir des ménageries[5] ?

Pas de bourreau où le geôlier suffit.

Mais, reprend-on, – il faut que la société se venge, que la société punisse. – Ni l'un, ni l'autre. Se venger est de l'individu, punir est de Dieu.

1. *Texte à paradoxe* : prétexte à discussion.
2. *Jurisconsultes* : juristes, spécialistes du droit.
3. *Dialecticiens* : hommes maîtrisant l'art du raisonnement et du discours.
4. *Ronde* : visite d'inspection et de surveillance dans une prison.
5. *Ménageries* : parcs zoologiques.

La société est entre deux. Le châtiment est au-dessus d'elle, la vengeance au-dessous. Rien de si grand et de si petit ne lui sied. Elle ne doit pas « punir pour se venger » ; elle doit *corriger pour améliorer.* Transformez de cette façon la formule des criminalistes, nous la comprenons et nous y adhérons.

Reste la troisième et dernière raison, la théorie de l'exemple. – Il faut faire des exemples ! il faut épouvanter par le spectacle du sort réservé aux criminels ceux qui seraient tentés de les imiter !

– Voilà bien à peu près textuellement la phrase éternelle dont tous les réquisitoires[1] des cinq cents parquets[2] de France ne sont que des variations plus ou moins sonores. Eh bien ! nous nions d'abord qu'il y ait exemple. Nous nions que le spectacle des supplices produise l'effet qu'on en attend. Loin d'édifier[3] le peuple, il le démoralise, et ruine en lui toute sensibilité, partant toute vertu.

[...]

Mais vous, est-ce bien sérieusement que vous croyez faire un exemple quand vous égorgillez[4] misérablement un pauvre homme dans le recoin le plus désert des boulevards extérieurs ? En Grève, en plein jour, passe encore ; mais à la barrière Saint-Jacques[5] ! mais à huit heures du matin ! Qui est-ce qui passe là ? Qui est-ce qui va là ? Qui est-ce qui sait que vous tuez un homme là ? Qui est-ce qui se doute que vous faites

1. *Réquisitoires* : discours prononcés par les accusateurs.
2. *Parquets* : ensembles des magistrats (voir la note 3, p. 37) chargés de requérir l'application de la loi au nom de la société.
3. *Édifier* : instruire dans une perspective morale.
4. *Vous égorgillez* : vous égorgez.
5. *Barrière Saint-Jacques* : à l'époque, quartier périphérique de Paris.

Exécution de Prevost, assassin d'Adèle Blondin et de Lenoble, place de la Roquette à Paris (fin du XIXe siècle).

un exemple là ? Un exemple pour qui ? Pour les arbres du boulevard, apparemment. [...] vous, dans votre for intérieur, vous n'êtes pas bien sûrs de ne pas être des assassins !

Vous quittez la Grève pour la barrière Saint-Jacques, la foule pour la solitude, le jour pour le crépuscule. Vous ne faites plus fermement ce que vous faites. Vous vous cachez, vous dis-je !

Toutes les raisons pour la peine de mort, les voilà donc démolies. Voilà tous les syllogismes[2] de parquets mis à néant. Tous ces copeaux de réquisitoires, les voilà balayés et réduits en cendres. Le moindre attouchement de la logique dissout tous les mauvais raisonnements.

[...]

Autre chose encore. L'âme de cet homme, y songez-vous ? Savez-vous dans quel état elle se trouve ? Osez-vous bien l'expédier si lestement ? Autrefois du moins, quelque foi circulait dans le peuple ; au moment suprême, le souffle religieux qui était dans l'air pouvait amollir le plus endurci ; un patient[1] était en même temps un pénitent[3] ; la religion lui ouvrait un monde au moment où la société lui en fermait un autre ; toute âme avait conscience de Dieu ; l'échafaud n'était qu'une frontière du ciel. Mais quelle espérance mettez-vous sur l'échafaud maintenant que la grosse foule ne croit plus ? maintenant que toutes les religions sont attaquées du dry-rot[4], comme ces vieux vaisseaux qui pourrissent dans nos ports, et qui jadis

1. *Syllogismes* : raisonnements purement formels.
2. *Patient* : condamné que l'on va exécuter.
3. *Pénitent* : personne qui manifeste des regrets.
4. *Dry-rot* : pourriture sèche du bois.

peut-être ont découvert des mondes? maintenant que les petits enfants se moquent de Dieu? De quel droit lancez-vous dans quelque chose dont vous doutez vous-mêmes les âmes obscures de vos condamnés, ces âmes telles que Voltaire et M. Pigault-Lebrun[1] les ont faites? Vous les livrez à votre aumônier[2] de prison, excellent vieillard sans doute; mais croit-il et fait-il croire? Ne grossoie-t-il pas[3] comme une corvée son œuvre sublime? Est-ce que vous le prenez pour un prêtre, ce bonhomme qui coudoie le bourreau dans la charrette[4]? Un écrivain plein d'âme et de talent l'a dit avant nous : *C'est une horrible chose de conserver le bourreau après avoir ôté le confesseur!*

Ce ne sont là, sans doute, que des «raisons sentimentales», comme disent quelques dédaigneux qui ne prennent leur logique que dans leur tête. À nos yeux, ce sont les meilleures. Nous préférons souvent les raisons du sentiment aux raisons de la raison. D'ailleurs les deux séries se tiennent toujours, ne l'oublions pas. Le *Traité des délits* est greffé sur *L'Esprit des lois*. Montesquieu a engendré Beccaria.

La raison est pour nous, le sentiment est pour nous, l'expérience est aussi pour nous. Dans les états modèles, où la peine de mort est abolie, la masse des crimes capitaux suit d'année en année une baisse progressive. Pesez ceci.

1. *Pigault-Lebrun* : écrivain français à succès du XVIIIe siècle, célèbre pour ses romans licencieux.
2. *Aumônier* : prêtre.
3. *Ne grossoie-t-il pas* : ne transcrit-il pas une décision judiciaire en gros caractères.
4. *Charrette* : véhicule qui transporte le condamné sur le lieu de son exécution.

Nous ne demandons cependant pas pour le moment une brusque et complète abolition de la peine de mort, comme celle où s'était si étourdiment engagée la Chambre des députés. Nous désirons, au contraire, tous les essais, toutes les précautions, tous les tâtonnements de la prudence. D'ailleurs, nous ne voulons pas seulement l'abolition de la peine de mort, nous voulons un remaniement complet de la pénalité sous toutes ses formes, du haut en bas, depuis le verrou jusqu'au couperet[1], et le temps est un des ingrédients qui doivent entrer dans une pareille œuvre pour qu'elle soit bien faite. Nous comptons développer ailleurs, sur cette matière, le système d'idées que nous croyons applicable.

[…]

La civilisation n'est autre chose qu'une série de transformations successives. À quoi donc allez-vous assister ? à la transformation de la pénalité. La douce loi du Christ pénétrera enfin le code et rayonnera à travers. On regardera le crime comme une maladie, et cette maladie aura ses médecins qui remplaceront vos juges, ses hôpitaux qui remplaceront vos juges, ses hôpitaux qui remplaceront vos bagnes[2]. La liberté et la santé se ressembleront. On versera le baume et l'huile où l'on appliquait le fer et le feu. On traitera par la charité ce mal qu'on traitait par la colère. Ce sera simple et sublime. La croix substituée au gibet. Voilà tout.

---

1. *Depuis le verrou jusqu'au couperet* : de la prison à la guillotine.
2. *Bagnes* : établissements pénitentiaires.

Le Dernier Jour d'un condamné (1829)

Le récit de Victor Hugo se donne comme le monologue intérieur d'un homme condamné à mort et enfermé à la prison de Bicêtre en attendant son exécution. Le texte est ainsi délibérément lacunaire : du criminel nous savons peu de chose, de sa fin, nous ne saurons rien. Mais cette implication du lecteur au cœur même de la réalité de la condamnation à mort est d'une justesse psychologique et d'une force inégalées. Nous vivons au jour le jour les états d'âme et les peurs du condamné, ses révoltes ou ses souvenirs, dans une progression dramatique qui nous conduit à l'échafaud avec lui.

[I] Condamné à mort!

Voilà cinq semaines que j'habite avec cette pensée, toujours seul avec elle, toujours glacé de sa présence, toujours courbé sous son poids!

Autrefois, car il me semble qu'il y a plutôt des années que des semaines, j'étais un homme comme un autre homme. Chaque jour, chaque heure, chaque minute avait son idée. Mon esprit, jeune et riche, était plein de fantaisies. Il s'amusait à me les dérouler les unes après les autres, sans ordre et sans fin, brodant d'inépuisables arabesques cette rude et mince étoffe de la vie. C'étaient des jeunes filles, de splendides chapes[1] d'évêque, des batailles gagnées, des théâtres pleins de bruit et de lumière, et puis encore des jeunes filles et de sombres promenades la nuit sous les larges bras des marronniers. C'était toujours fête dans mon imagination. Je pouvais penser à ce que je voulais, j'étais libre.

1. *Chapes* : habits de cérémonie sans manche et doublés d'hermine.

Maintenant je suis captif. Mon corps est aux fers dans un cachot, mon esprit est en prison dans une idée. Une horrible, une sanglante, une implacable idée ! Je n'ai plus qu'une pensée, qu'une conviction, qu'une certitude : condamné à mort !

Quoi que je fasse, elle est toujours là, cette pensée infernale, comme un spectre de plomb à mes côtés, seule et jalouse, chassant toute distraction, face à face avec moi misérable, et me secouant de ses deux mains de glace quand je veux détourner la tête ou fermer les yeux. Elle se glisse sous toutes les formes où mon esprit voudrait la fuir, se mêle comme un refrain horrible à toutes les paroles qu'on m'adresse, se colle avec moi aux grilles hideuses de mon cachot : m'obsède éveillé, épie mon sommeil convulsif, et reparaît dans mes rêves sous la forme d'un couteau.

Je viens de m'éveiller en sursaut, poursuivi par elle et me disant : – Ah ! ce n'est qu'un rêve ! – Hé bien ! avant même que mes yeux lourds aient eu le temps de s'entrouvrir assez pour voir cette fatale pensée écrite dans l'horrible réalité qui m'entoure, sur la dalle mouillée et suante de ma cellule, dans les rayons pâles de ma lampe de nuit, dans la trame grossière de la toile de mes vêtements, sur la sombre figure du soldat de garde dont la giberne[1] reluit à travers la grille du cachot, il me semble que déjà une voix a murmuré à mon oreille :

– Condamné à mort !

1. *Giberne* : boîte que les soldats portent à leur ceinture et dans laquelle ils gardent leurs cartouches.

[XXXIX] Ils disent que ce n'est rien, qu'on ne souffre pas, que c'est une fin douce, que la mort de cette façon est bien simplifiée.

Eh ! qu'est-ce donc que cette agonie de six semaines et ce râle de tout un jour ? Qu'est-ce que les angoisses de cette journée irréparable, qui s'écoule si lentement et si vite ? Qu'est-ce que cette échelle de tortures qui aboutit à l'échafaud ?

Apparemment ce n'est pas là souffrir.

Ne sont-ce pas les mêmes convulsions, que le sang s'épuise goutte à goutte, ou que l'intelligence s'éteigne pensée à pensée ?

Et puis, on ne souffre pas, en sont-ils sûrs ? Qui le leur a dit ? Conte-t-on que jamais une tête coupée se soit dressée sanglante au bord du panier, et qu'elle ait crié au peuple : Cela ne fait pas de mal !

Y a-t-il des morts de leur façon qui soient venus les remercier et leur dire : C'est bien inventé. Tenez-vous-en là. La mécanique est bonne.

Est-ce Robespierre[1] ? Est-ce Louis XVI ?...

Non, rien ! moins qu'une minute, moins qu'une seconde, et la chose est faite. Se sont-ils jamais mis, seulement en pensée, à la place de celui qui est là, au moment où le lourd tranchant qui tombe mord la chair, rompt les nerfs, brise les vertèbres... Mais quoi ! une demi-seconde ! la douleur est escamotée... Horreur !

1. *Robespierre* : révolutionnaire et homme politique français guillotiné le 27 juillet 1794.

***La Légende des siècles* (1859-1883)**

Les poèmes qui constituent cet ouvrage sont conçus par Victor Hugo comme une série de petites épopées évoquant l'histoire de l'humanité à travers la philosophie, la religion ou la science. Il s'y nourrit de références à toutes les cultures et toutes les époques. Le poète affirme dans ces vers sa foi dans le progrès de l'humanité vers plus de liberté et de sagesse, grâce à l'intelligence et à la science. Dans cette perspective, l'échafaud est le symbole, non seulement de l'inhumanité du châtiment, mais aussi de l'obscurantisme et du passé.

L'Échafaud

C'était fini. Splendide, étincelant, superbe.
Luisant sur la cité comme la faulx[1] sur l'herbe,
Large acier dont le jour faisait une clarté,
Ayant je ne sais quoi dans sa tranquillité
De l'éblouissement du triangle mystique[2],
Pareil à la lueur au fond d'un temple antique,
Le fatal couperet relevé triomphait.
Il n'avait rien gardé de ce qu'il avait fait
Qu'une petite tache imperceptible et rouge.

Le bourreau s'en était retourné dans son bouge[3];
Et la peine de mort, remmenant ses valets,
Juges, prêtres, était rentrée en son palais,

1. *Faulx* (ou faux) : voir la note 2, p. 67.
2. *Triangle mystique* : le triangle, ches les pythagoriciens de l'Antiquité comme dans nombre de religions (christianisme, judaïsme) et chez les franc-maçons, est un symbole de perfection.
3. *Bouge* : logement sombre et sale.

Avec son tombereau[1] terrible dont la roue,
Silencieuse, laisse un sillon dans la boue,
Qui se remplit de sang sitôt qu'elle a passé.

La foule disait : bien ! car l'homme est insensé,
Et ceux qui suivent tout, et dont c'est la manière,
Suivent même ce char et même cette ornière[2].

J'étais là. Je pensais. Le couchant empourprait
Le grave Hôtel de Ville[3] aux luttes toujours prêt,
Entre Hier qu'il médite et Demain dont il rêve.
L'échafaud achevait, resté seul sur la Grève,
La journée, en voyant expirer le soleil.

Le crépuscule vint, aux fantômes pareil.
Et j'étais toujours là, je regardais la hache,
La nuit, la ville immense et la petite tache.

À mesure qu'au fond du firmament obscur
L'obscurité croissait comme un effrayant mur,
L'échafaud, bloc hideux de charpentes funèbres,
S'emplissait de noirceur et devenait ténèbres ;
Les horloges sonnaient, non l'heure, mais le glas[4] ;
Et toujours, sur l'acier, quoique le coutelas
Ne fût plus qu'une forme épouvantable et sombre,
La rougeur de la tache apparaissait dans l'ombre.

Un astre, le premier qu'on aperçoit le soir,
Pendant que je songeais, montait dans le ciel noir.

1. *Tombereau* : charrette servant au transport d'objets.
2. *Ornière* : voir la note 2, p. 69.
3. C'est en place de Grève, devant l'Hôtel de Ville, qu'avaient alors lieu les exécutions.
4. *Glas* : cloche que l'on sonne pour annoncer la mort ou l'agonie.

Sa lumière rendait l'échafaud plus difforme.
L'astre se répétait dans le triangle énorme ;
Il y jetait ainsi qu'en un lac son reflet,
Lueur mystérieuse et sacrée ; il semblait
Que sur la hache horrible, aux meurtres coutumière,
L'astre laissait tomber sa larme de lumière.
Son rayon, comme un dard qui heurte et rebondit,
Frappait le fer d'un choc lumineux ; on eût dit
Qu'on voyait rejaillir l'étoile de la hache.
Comme un charbon tombant qui d'un feu se détache,
Il se répercutait dans ce miroir d'effroi ;
Sur la justice humaine et sur l'humaine loi
De l'éternité calme auguste éclaboussure.
Est-ce au ciel que ce fer a fait une blessure.
Pensai-je ? Sur qui donc frappe l'homme hagard ?
Quel est donc ton mystère, ô glaive ? – Et mon regard
Errait, ne voyant plus rien qu'à travers un voile,
De la goutte de sang à la goutte d'étoile.

1908 : les débats à la Chambre

En 1908, le gouvernement dépose à la Chambre des députés un projet de loi sur la réforme du système pénal qui prévoit la suppression de la peine de mort comme peine capitale. C'est Aristide Briand, garde des Sceaux, qui est chargé de présenter ce projet aux députés. Les violents débats que cette question soulève vont durer plusieurs mois, lors de la session ordinaire, puis lors d'une session extraordinaire à l'automne. De nombreux députés, toutes opinions confondues se succèdent pour défendre ce projet ou s'y opposer. Les débats sont nourris des apports de la science en matière d'hérédité en particulier, mais aussi de l'expérience des pays d'Europe ayant déjà aboli la peine de mort. Le vote final interviendra en décembre, et la peine de mort sera maintenue par 330 voix contre 201.

Maurice Barrès (1862-1923)

Homme politique et écrivain, il fut député de Nancy, puis de Paris. Conservateur, défenseur de la patrie et de l'armée, il fut violemment antidreyfusard et s'associa au général Boulanger, opposant au régime parlementaire de 1886 à 1889. Le 3 juillet 1908, il intervient au Parlement pour défendre la peine de mort dans l'intérêt des citoyens et avec les conseils des médecins.

Chambre des députés – 3 juillet 1908

M. Maurice Barrès. – Je suis partisan du maintien de la peine de mort, du maintien et de l'application. Je n'apporterai pas à la tribune la masse des arguments que soulève cette grande question ; je voudrais me tenir sur un point particulier, bien déterminé et contredire, réfuter, si je puis, l'opinion de ceux qui croient que la suppression de la peine de mort serait un progrès moral pour la société française. [...]

Des esprits très nombreux et fort généreux, certes, croient que l'abolition de la peine de mort c'est un pas en avant dans la voie du progrès.

Eh bien ! Je ne raisonnerai pas dans l'abstrait, je regarde la situation de la ville de Paris.

Si nous supprimons la peine de mort, si nous faisons cette expérience de désarmement au risque de qui serait-elle faite ? Il faut bien le constater : ce sont les pauvres que nous découvrons, ce sont eux qui pâtiront d'abord. Quoi qu'on fasse, il est bien certain que la police protégera toujours mieux les riches que les pauvres. (*Exclamations à l'extrême gauche et à gauche.*) [...]

Cette suppression de la peine de mort sera-t-elle du moins un ennoblissement de notre civilisation ? Si quelques-uns sont disposés à le croire, c'est qu'ils désirent mettre, de plus en plus, notre société d'accord avec les données que nous fournit la science. Nous écoutons les médecins qui nous disent en regardant les assassins : « Ils sont nécessités. Celui-ci tient son crime de son atavisme[1] ; cet autre le tient du milieu dans lequel il a été plongé. »

Assurément il y a quelque chose à retenir de ces

1. *Atavisme* : hérédité.

dépositions des médecins; ce qu'il faut en retenir, me semble-t-il, c'est que notre devoir est de combattre les conditions qui ont préparé cet atavisme, d'assainir le milieu dans lequel tel ou tel homme s'est perverti. (*Très bien! très bien!*)

La science nous apporte une indication dont nous tous, législateurs, nous savons bien que nous avons à tirer parti; combattons les causes de dégénérescence[1]. Mais quand nous sommes en présence du membre déjà pourri, quand nous sommes en présence de ce malheureux – malheureux, si nous considérons les conditions sociales dans lesquelles il s'est formé, mais misérable si nous considérons le triste crime dans lequel il est tombé, – c'est l'intérêt social qui doit nous inspirer et non un attendrissement sur l'être antisocial. (*Bruit à l'extrême gauche.*)

Allons au fond de la question.

Il me semble que dans la disposition traditionnelle qu'ont un grand nombre d'esprits, éminents, généreux, à prendre en considération les intérêts de l'assassin, à s'y attarder, avec une sorte d'indulgence. Il y a cette erreur de croire que nous nous trouvons en présence d'une sorte de barbare tout neuf, auquel il a manqué quelques-uns des avantages sociaux que, nous autres, plus favorisés, nous possédons. C'était, si je ne me trompe, la conception de Victor Hugo et l'on doit l'examiner dans un débat politique sur la peine de mort, car cette littérature de Hugo a eu certainement une grande action sur la formation intellectuelle du parti républicain, au cours des dernières années du Second Empire[2].

1. *Dégénerescence* : déclin, dégradation.
2. Le parti républicain sous le Second Empire (1852-1870) regroupe les opposants au régime.

Hugo a cru que l'assassin, c'était un être trop neuf, une matière humaine toute neuve, non façonnée, qui n'avait pas profité des avantages accumulés de la civilisation; il résumait cela en disant : « Si vous lui aviez donné le livre, vous auriez détruit le crime. »

Eh bien! cette hypothèse n'est pas d'accord avec les renseignements que nous donne la science. Ah! les éléments neufs, ce qui sort de la masse et qui n'a pas encore pris la forme civilisée, c'est précieux, c'est sacré. Ces éléments neufs valent mieux que nous, sont plus précieux peut-être que tel civilisé arrivé à un degré élevé de développement. Ce barbare tout neuf a encore tout à fournir. Mais les apaches[1] ne sont pas des forces trop pleines de vie, de beaux barbares qui font éclater les cadres de la morale commune : ce sont des dégénérés. Loin d'être orientés vers l'avenir, ils sont entravés par des tares ignobles. Et, à l'ordinaire, quand nous sommes en présence du criminel, nous trouvons un homme en déchéance, un homme tombé en dehors de l'humanité et non pas un homme qui n'est pas encore arrivé à l'humanité. [...]

Pour ma part, je demande que l'on continue à nous débarrasser de ces dégradés, de ces dégénérés, dans les conditions légales d'aujourd'hui, en tenant compte des indications qui nous sont fournies par les hommes de science compétents s'ils nous disent que celui-ci relève des asiles plutôt que de la punition. Je crois qu'il y a lieu de recourir à la punition exemplaire. Et, par exemplaire, je n'entends pas la publicité; je crois que l'exemple peut-être plus saisissant encore, tel qu'il est obtenu en Angleterre où la punition capitale, à la muette, derrière de hauts murs, me

1. *Apaches* : malfaiteurs, voyous des grandes villes.

Le Petit Journal

Le Petit Journal
CHAQUE JOUR – 6 PAGES – 5 CENTIMES
Administration : 61, rue Lafayette
Les manuscrits ne sont pas rendus

5 CENTIMES SUPPLÉMENT ILLUSTRÉ 5 CENTIMES

Le Petit Journal agricole, 5 cent. ~~ La Mode du Petit Journal, 10 cent.
Le Petit Journal illustré de la Jeunesse, 10 cent.
On s'abonne sans frais dans tous les bureaux de poste

ABONNEMENTS

SEINE et SEINE-ET-OISE	2 fr.	3 fr. 50
DÉPARTEMENTS	2 fr.	4 fr.
ÉTRANGER	2 50	5 fr.

Dix-neuvième Année — DIMANCHE 19 JUILLET 1908 — Numéro 923

La prison n'effraye pas les apaches. – La guillotine les épouvante.

Exemplarité de la peine de mort,
Le Petit Journal, 19 juillet 1908.

semble plus terrifiante encore que cette manière d'apothéose infâme que nous dressons sur les places publiques. (*Applaudissements.*) [...]

Messieurs, j'ai autant d'horreur qu'aucun de vous pour le sang versé. Un jour il m'a été donné d'assister à une exécution, je ne veux pas dire de la voir – car en effet c'est un spectacle intolérable. Je m'y trouvais non loin de M. le président du Conseil. Le lendemain M. Clemenceau[1] a écrit un bel article où il exprimait tout le dégoût qu'il avait éprouvé, toute la répulsion morale et physique que l'on ne peut pas ne pas ressentir.

Mais qu'est-ce que cela prouve? Cela prouve d'abord que M. le président du Conseil a bien fait d'abandonner sa carrière médicale qui aurait pu l'amener à des opérations chirurgicales. (*Exclamations et mouvements divers.*)

Pour ma part, cette même émotion pénible ne l'éprouverais-je pas, si je devais assister à ces terribles opérations qui pourtant sont le salut, une ressource de guérison? La vie est en elle-même chose cruelle. Et ce n'est pas avoir fourni un argument contre la peine capitale de constater ce que personne ne nie – qu'une vision de décollation[2] est chose atroce.

C'est par amour de la santé sociale que je vote le maintien et l'application de la peine de mort.

En tout cas, qu'il me soit permis de vous le dire en terminant, cette mesure que vous croyez une mesure de générosité, c'est une générosité que nous ferions aux dépens des autres.

---

1. *Clemenceau* (Georges) : homme politique français (1841-1929), député d'extrême gauche. Il est alors président du Conseil et ministre de l'Intérieur depuis 1906.
2. *Décollation* : action de couper la tête.

Aristide Briand (1862-1932)

Avocat et journaliste, rédacteur à *L'Humanité*, Aristide Briand fut secrétaire général du Parti socialiste français qu'il quitta en 1905. Il participa à de nombreux ministères sous la IIIe République, en étant plus de vingt fois ministre et onze fois président du Conseil. Défenseur de la paix durant la Première Guerre mondiale et engagé à la défense de la Société des Nations pour prévenir tout nouveau risque de conflit international, il obtint le prix Nobel de la Paix en 1926.

C'est en tant que garde des Sceaux qu'il présente au Parlement le projet de loi sur la réforme pénale, prévoyant la suppression de la peine de mort. Son discours est d'abord une réponse aux défenseurs de la peine capitale : il reprend point par point leurs arguments – essentiellement ceux de Maurice Barrès – pour en démontrer la vanité à la lumière des chiffres et des enquêtes.

Chambre des députés – 11 novembre 1908

M. LE GARDE DES SCEAUX. – Dès à présent, je vous le déclare, je ne recourrai pas, pour la défense de ma thèse, à des raisons de pitié et d'humanité, à des raisons de sentiment, à des raisons d'ordre philosophique. Ce n'est pas que ces considérations soient sans intérêt et sans force ; mais à d'autres époques et encore au cours de ce débat, elles ont été développées avec une éloquence que la mienne ne saurait égaler.

Je n'essayerai pas d'ajouter à l'effort des penseurs, des écrivains, des orateurs qui se sont placés à ce point de vue pour réclamer l'abolition de la peine de mort. Je mènerai une discussion, si je puis dire, terre à terre. Je produirai des arguments basés sur des chiffres, sur des faits; j'examinerai avec vous les contingences[1], les réalités. (*Très bien! très bien!*) […]

Vous avez affirmé – mais vous n'avez pas essayé de le prouver – pour justifier le maintien de la peine de mort, qu'elle est intimidante et qu'elle est par conséquent efficace; vous avez prétendu que, si elle n'existait pas dans notre code pénal, beaucoup de malfaiteurs ne seraient pas arrêtés sur la pente du crime.

Et puis vous ajoutez l'argument par lequel on a un peu affolé l'opinion publique; vous disiez : La criminalité va croissant en ce pays; elle nous inquiète, elle nous trouble; nous sommes menacés dans notre sécurité; et comme la peine capitale est seule capable de nous donner des garanties, nous pensons que le moment n'est pas venu de la supprimer. Plus tard, quand la société aura pris des mesures de précaution, quand elle aura organisé tout un système social de défense meilleur que celui qui existe, alors peut-être l'abolition sera-t-elle admissible.

J'accepterais ces raisons, à la condition qu'il me fût prouvé qu'elles ont une base, qu'elles ne sont pas le résultat d'affirmations faciles qu'on peut toujours produire à la tribune.

Recherchons si la peine de mort présente les qualités que doit avoir un châtiment dans une société civilisée.

Elle devrait être tout à la fois moralisatrice et intimidante[2]. *(Très bien! très bien!)* L'est-elle? Voilà tout le problème, messieurs.

Moralisatrice? Il n'est personne parmi les partisans

1. *Contingences* : faits qui peuvent être soumis à variation.
2. *Intimidante* : au sens de dissuasive.

de la peine de mort qui ait osé soutenir que la peine de mort soit moralisatrice. (*Applaudissements à l'extrême gauche sur divers bancs à gauche.*)

Elle l'est si peu que ceux qui en demandent le maintien sont d'accord pour qu'elle soit appliquée dans l'obscurité. (*Nouveaux applaudissements sur les mêmes bancs. – Mouvements divers.*)

De même que le meurtre privé se cache par crainte, vous demandez que le meurtre social se cache par honte. (*Vifs applaudissements à l'extrême gauche et sur divers bancs à gauche. – Bruit au centre et à droite.*)

Et, messieurs, c'est une précaution que l'on comprend vraiment quand on a assisté à une exécution capitale. Je ne veux pas dramatiser ce débat, ni essayer de vous déterminer par des impressions physiques, mais enfin il est des choses qu'il faut dire.

Autour d'une exécution capitale il y a tout un ensemble d'opérations, de mouvements, de gestes qui sont répugnants (*Très bien ! très bien ! à l'extrême gauche.*) Ces gestes, qui donc les fait? L'exécuteur des hautes œuvres [1], ses aides.

Ah! c'est tel qu'apparaît l'hypocrisie sociale. (*Applaudissements à l'extrême gauche et sur divers bancs à gauche.*)

L'exécuteur des hautes œuvres, ses aides qu'il faut imposer à l'habitant par des réquisitions et qui sont entourés comme d'une atmosphère de réprobation, ces hommes chargés de commettre l'acte social le plus solennel et dont devrait le plus s'enorgueillir la société, on les isole! (*Applaudissements à l'extrême gauche et sur divers bancs à gauche. – Interruptions au centre.*) Pourtant la société, dans cette circonstance, est personnifiée par

1. *L'exécuteur des hautes œuvres* : le bourreau.

l'exécuteur et ses aides, ils sont ses mandataires; leurs opérations, leurs gestes sont les opérations et les gestes de la société. Je n'insiste pas sur le point de vue moralisateur; nous sommes tous d'accord.

L'honorable M. Barrès a justement flétri ces spectacles. (*Très bien! très bien!*) Eh bien! voilà une peine déjà privée d'une qualité essentielle.

La peine de mort est-elle du moins exemplaire? On vous a rappelé combien de criminels, au moment de l'exécution, ont avoué avoir assisté antérieurement à de tels spectacles. [...]

L'honorable M. Castillard[1] s'écriait : Savez-vous le nombre des malfaiteurs qui ont été retenus par la vision de la guillotine, par la peur de la mort?

Non! je ne le sais pas. Je ne peux pas affirmer qu'il n'y en a pas eu. Mais vous-même avez-vous le droit
94 d'affirmer qu'il y en a eu? (*Très bien! très bien! à l'extrême gauche et sur divers bancs à gauche.*)

Si la peine de mort a une puissance d'intimidation, sa suppression doit amener immédiatement une recrudescence[2] de crimes; si cette recrudescence ne se manifeste pas, c'est que l'abolition demeure sans effet.

Or, c'est la conclusion à laquelle on aboutit quand on considère les différents pays où la peine de mort a été supprimée et quand on ne prend pas les chiffres d'une année pour les opposer arbitrairement à ceux d'une autre année, mais quand on prend des périodes suffisamment longues, les périodes de dix ans par exemple. [...]

---

1. *M. Castillard* : le rapporteur de la loi (celui qui la présente devant les députés).
2. *Recrudescence* : augmentation.

Le Petit Journal

Le Petit Journal
CHAQUE JOUR – 6 PAGES – 5 CENTIMES
Administration : 61, rue Lafayette
Les manuscrits ne sont pas rendus

5 CENTIMES SUPPLÉMENT ILLUSTRÉ 5 CENTIMES

Le Petit Journal agricole, 5 cent. ~ La Mode du Petit Journal, 10 cent.
Le Petit Journal illustré de la Jeunesse, 10 cent.

On s'abonne sans frais dans tous les bureaux de poste

ABONNEMENTS

SEINE et SEINE-ET-OISE	2 fr.	3 fr. 50
DÉPARTEMENTS	2 fr.	4 fr. »
ÉTRANGER	2 50	5 fr. »

Dix-neuvième Année — DIMANCHE 27 DÉCEMBRE 1908 — Numéro 945

LA CRAINTE DU CHATIMENT

Par 330 voix contre 201, la Chambre des députés a décidé le maintien de la peine de mort

Gravure illustrant le vote, à la Chambre des députés,
du maintien de la peine de mort, pour son effet dissuasif.
Le Petit Journal, 27 décembre 1908.

J'ai retenu une partie du discours de l'honorable M. Barrès. M. Barrès semble voir dans la réprobation qu'éprouve ce pays pour la peine de mort une sorte d'affaiblissement de son énergie morale et comme la marque de quelque impuissance.

M. Barrès disait : il faut avoir le courage des responsabilités; il ne faut pas craindre de punir et même de punir jusqu'à la mort.

Cette responsabilité est aisée à prendre. Il n'est pas difficile de livrer un homme à l'exécuteur des hautes œuvres. Quand l'opinion publique est excitée comme elle l'est en ce moment, quand elle exige impérieusement du sang, lui obéir, c'est un geste commode.

Les responsabilités sont bien plus lourdes quand il s'agit de remonter les courants de l'opinion publique. Il faut plus de courage pour lui résister que pour se laisser dominer par l'aveuglement de la foule. (*Applaudissements à l'extrême gauche et sur divers bancs à gauche.*)

J'ai abordé ce problème sans passion et sans parti pris. Cette question est de celles qui devraient pouvoir être discutées avec le plus de sang-froid dans cette Assemblée. Personne n'a le monopole des sentiments d'humanité, de générosité, de pitié; ils sont répandus dans tous les partis; il y a des adversaires de la peine de mort sur tous les bancs de cette Chambre. On peut donc examiner cette question sans se suspecter les uns les autres d'intentions plus ou moins mauvaises.

Pour ma part, j'ai étudié la question au point de vue de l'utilité de la peine. Je me suis dit : Si les chiffres de la criminalité, soit en France, soit à l'étranger, démontrent qu'il serait imprudent de supprimer la peine de mort en ce moment, s'il m'apparaît qu'elle a une puissance d'intimidation, eh bien! je le dirai à la

Chambre et je renoncerai à soutenir le projet du Gouvernement. C'est parce que, de tous les documents que j'ai consultés, il est résulté clairement pour moi que la peine de mort était inefficace, qu'elle n'était pas intimidante, comme on l'a dit, que je me suis présenté devant vous pour tâcher de vous faire participer à la conviction profonde qui s'est faite en moi.

Au surplus – et je termine par là – on a traité bien légèrement le côté le plus grave du problème : la peine de mort n'est pas réparable.

Oh ! je sais ! On a dit : Oui, il y a bien d'autres choses qui ne sont pas réparables dans la vie ! Il y a bien d'autres cas dans lesquels des injustices irrémédiables s'accomplissent. Messieurs, ici, c'est la société qui agit. (*Très bien ! très bien ! à l'extrême gauche et à gauche.*)

[...]

Les erreurs ne sont pas si nombreuses, a-t-on dit, les procès sont très contrôlés aujourd'hui. Messieurs si vous passiez quelques mois au cabinet du garde des Sceaux, vous verriez que le problème est plus troublant, plus inquiétant. *(Très bien ! très bien !)*

Des erreurs ! Ah ! on en côtoie souvent et je crois que souvent il en est commis qu'on ne peut pas réparer ; car la société a été chiche[1] des cas dans lesquels l'erreur peut être démontrée.

Ces mois derniers, un jeune homme était condamné à mort pour empoisonnement et dans des conditions particulièrement graves. La peine a été commuée[2] et cependant un grand mouvement d'opinion s'était produit en faveur de l'exécution – car ne

1. *Chiche* : avare.

2. *Commuée* : changée pour une peine moindre.

vous y trompez pas, vous en aurez demain pour tous les cas, des mouvements d'opinion, et quand vous aurez rendu l'opinion maîtresse de cette matière, vous aurez fait quelque chose de grave, dont vous ne tarderez pas à vous apercevoir – l'opinion voulait la guillotine aussi pour ce jeune homme.

Dans son dossier, comme dans le dossier de Soleilland[1], il y avait des indications préoccupantes. Après la condamnation, on a examiné les faits de plus près. La commutation de la peine de mort en celle des travaux forcés a été accordée puis, sur les rapports de spécialistes, la responsabilité de cet homme devenant de plus en plus douteuse, il a fallu procéder à une nouvelle commutation. Peut-être demain nous sera-t-il appris d'une manière certaine – nous en sommes très près – que cet homme est un fou. *(Mouvements divers.)*

Jules Lemire (1853-1928)

Député et prêtre catholique, Jules Lemire soutient un point de vue tout à fait original : il s'exclut du clivage politique gauche/droite, défenseurs/opposants à l'abolition. À l'issue des débats, il s'affirme sceptique. Dès lors, son choix vise au moindre mal. Il se range ainsi du côté du garde des Sceaux, au nom de la vie et du risque d'erreur judiciaire. Ce discours montre l'évolution du clergé catholique en matière de châtiment et annonce les revirements de l'Église au XXe siècle, jusqu'à son engagement dans le camp des abolitionnistes.

---

1. *Soleilland* : assassin et violeur d'enfant exécuté.

Chambre des Députés – 18 novembre 1908

Je vous le déclare, messieurs, sincèrement, loyalement, je n'ai été convaincu, ni par les raisonnements des philosophes, et des moralistes – sur cette question ils n'osent pas se prononcer et abandonnent la solution au gré des mœurs, des circonstances ou des principes qui dominent dans un pays – ni par l'étude des législations voisines dont les unes ont maintenu la peine et dont les autres l'ont supprimée, tout en obtenant des résultats à peu près identiques, ni par les résultats de la statistique. Après avoir assisté à cette bataille de chiffres, nous avons pu constater qu'ici comme en beaucoup d'autres questions, on trouve dans les statistiques ce qu'on y cherche; le spectacle est dans le spectateur.

Après tout ce débat, je reste indécis. Quand il s'agit de savoir quelle est l'influence de l'échafaud sur la criminalité, j'en suis réduit, comme M. Jaurès le disait, à des considérations subjectives, à des raisonnements personnels. Évidemment, nous tous qui sommes de braves gens, nous tenons compte de la guillotine; nous avons quelque souci du bourreau, nous nous inquiétons du prix de la vie. Mais il est bien hasardeux de faire la psychologie du criminel et de dire à quels mobiles il obéit. Il est même possible que la perspective de la guillotine soit cause que ce malheureux engage la bataille contre la société avec forfanterie[1], et qu'il lui dise par bavarde : « Tu ne ménageras pas ma vie, je ne ménagerai pas celle des tiens. Puisque la vie est un enjeu, entre nous, j'accepte le risque ! Je tue, et

1. *Forfanterie* : vantardise.

je m'offre à la mort si on peut me prendre ! Si la vie n'est pas sacrée pour vous, elle ne l'est pas pour moi. »

Je crains que ce raisonnement ne soit celui de certains criminels.

En tout cas, après tout ce que j'ai entendu, je reste indécis, perplexe, et je déclare que dans le doute, dans l'indécision, le maintien de la vie humaine me paraît s'imposer. (*Très bien ! très bien ! à l'extrême gauche.*) Quand je n'ai pas de raison absolue, tranchante, irrésistible, j'écoute la vieille loi qui me dit à moi, société, comme elle dit à tout être raisonnable : « Tu ne tueras pas » ; et je ne me résigne pas à l'échafaud. (*Applaudissements à l'extrême gauche et sur divers bancs à gauche.*)

Mais dira-t-on, cet homme a tué le premier. Il a commencé. Œil pour œil, dent pour dent, vie pour vie ; c'est la justice. Le talion[1], c'est la justice.

Ah ! messieurs, c'est une pauvre justice, apparente, extérieure, rudimentaire, dont une société civilisée ne peut pas se contenter, dont personne ne peut dire qu'elle établisse une équivalence vraie entre la faute et le châtiment. Il n'y a pas égalité entre la mort d'un scélérat et les homicides[2] successifs qu'il a commis ; il n'y a pas d'égalité vraie entre les tortures que ce scélérat a infligées, entre les hideuses profilations[3] dont il a sali sa victoire, et une minute de crispation ou d'étourdissement ; il n'y a pas d'égalité entre la mort d'un être obscur et méchant et celle des gens innocents, des pères de famille, des enfants, des femmes, des vieillards qu'il a sacrifiés. Non, le talion n'est pas la justice, le

1. *Talion* : voir la note 2, p. 7.
2. *Homicides* : voir la note 1, p. 46.
3. *Profilations* : détails d'une exécution.

talion n'est pas l'égalité; c'est une pure apparence; cela ne suffit pas; c'est une justice trop imparfaite.

On a bien dit que la peine de mort présente un grave inconvénient, qu'on n'est jamais sûr qu'elle soit appliquée au vrai coupable. M. Deschanel[1] surtout a insisté sur cet argument des erreurs possibles. Ce n'est pas, je l'avoue, ce qui me décide à la repousser.

Les sociétés humaines ne sont pas fondées – que mon honoré collègue me permette de le lui dire – sur l'infaillibilité. S'il fallait attendre que l'infaillibilité triomphe et règne seule dans les choses d'ici-bas, nous ne pourrions guère prendre de décisions; en tout cas, nous donnerions trop évidemment tort à la masse des peuples qui ont maintenu la peine de mort. Ils sont convaincus, en effet, qu'il y a des certitudes possibles, et qu'en s'entourant de toutes les précautions, on peut atteindre le vrai scélérat.

Je le répète, ce n'est pas là ce qui m'impressionne le plus; ce n'est pas le risque d'erreur qui me fait dire que la justice de la guillotine est imparfaite.

L'argument qui me détermine, c'est que la mort, pour l'individu qu'elle frappe, crée pour lui l'irréparable. La société n'a pas fait tout son devoir quand elle met cet homme à part, qu'elle l'isole, qu'elle l'empêche de nuire et qu'elle lui inflige un châtiment. Il y a dans sa faute un double manquement, une double culpabilité. Il a commis, extérieurement, un attentat contre la société; mais il a aussi en lui-même, dans l'intérieur de sa conscience, fait un attentat contre la morale.

1. *M. Deschanel* : Paul Deschanel (1855-1922), homme politique français, député depuis 1885, avait pris position en faveur de l'abolition de la peine de mort.

Une guillotine (1907).

Or, la justice complète demande que vous mettiez cet homme à même de se réconcilier avec la loi morale.

Il a une volonté, une intelligence, un cœur, une conscience qui doivent pouvoir se réveiller et revivre d'une vie honnête. C'est parce qu'il a cette volonté, cette intelligence, à qui il faut donner le temps de se redresser, c'est parce qu'il est une personne humaine à qui il faut ménager la possibilité de se reconnaître, que la peine de mort est si grave et si dangereuse. Elle coupe court à tout relèvement[1] !

Quand j'entendais mon collègue M. Barrès dire, l'autre jour, que le scélérat n'est plus une personne, qu'il est une chose, un rouage qui fait grincer la machine, un membre gangrené[2], une branche pourrie, et qu'on peut le supprimer avec tranquillité dans l'intérêt du tout, de la collectivité et de l'arbre social, je comprenais tout le danger d'une pareille doctrine.

Et ce n'étaient pas mes préoccupations de catholique ou de prêtre, monsieur Barrès, qui me rendaient inquiet, c'étaient mes sentiments d'honnête homme (*Applaudissements à gauche*), d'homme appartenant à cette civilisation moderne à laquelle vous appartenez et dont je me réclame ici. (*Très bien ! très bien ! sur les mêmes bancs.*)

Quand je monte à cette tribune, j'y viens comme homme et comme Français ; j'y viens le moins possible comme catholique ou comme prêtre, car cela ne vous regarde pas. Quand j'y viens comme homme et comme Français, c'est parce que je tiens, moi, en par-

1. *Relèvement* : redressement moral, amélioration.

2. *Gangréné* : atteint de gangrène, maladie (pourriture des tissus) qui se communique à tout le corps et nécessite l'amputation du membre atteint.

3. *Exclusivisme* : attitude refusant la contradiction et la nuance.

ticulier, et plus que vous, étant suspect, parce que catholique, d'intolérance et d'exclusivisme[3], à être d'accord avec mon temps et avec mon pays; je tiens, plus que vous, à profiter des droits de l'homme que les principes modernes ont reconnus à tous. (*Très bien! très bien! sur les mêmes bancs.*)

Dans un pays comme le nôtre, tout le mouvement de la civilisation nous porte vers une reconnaissance de plus en plus grande de la dignité humaine, où nous voulons que l'homme soit le moins possible violenté, froissé, et qu'il puisse consentir à toutes les exigences et à toutes les conditions sociales, consentir par le vote, à l'autorité; par l'élection, à la loi; à l'impôt lui-même; par les charges personnelles sur le revenu, par les syndicats et les contrats collectifs, au travail et à ses conditions, je crois que logiquement nous devons arri-
104 ver à ce que l'homme puisse aussi donner son consentement à la peine qu'il subit! (*Mouvements divers.*)

Utopie et rêve! me dira-t-on. Ce n'est pas vrai. Vous ne savez pas si ce misérable, qui est au bagne ou dans le cellule d'une prison, n'a pas, précisément grâce à la réflexion qui lui est possible, fini par reconnaître que la loi morale est bonne et qu'elle est juste et qu'il a eu tort de l'enfreindre, et qu'il redeviendra meilleur à ses propres yeux en l'acceptant, en rougissant de honte, en étant torturé de remords.

Vous ne savez pas si vous n'avez pas remporté cette victoire, la plus, belle de toutes, qui consiste à triompher du mal dans une conscience humaine et à lui faire accepter la justice!

Je sais, messieurs, qu'en parlant ainsi, j'ai l'air de n'être qu'un écho de l'élégante voix que vous venez d'entendre; je sais que l'on peut dire : Voilà l'abbé Lemire d'accord avec les socialistes, avec M. Jaurès!

Messieurs, je ne cherche pas avec qui je suis et personne ne doit chercher avec qui il est ; on doit tâcher d'être d'accord avec soi-même, et cela suffit (*Très bien ! très bien ! à gauche.*)

Jean Jaurès (1859-1914)

Professeur de philosophie, Jean Jaurès devient militant du Parti ouvrier français et lutte pour l'unité du Parti socialiste. Défenseur de Dreyfus, fondateur de *L'Humanité* en 1904, il mène comme parlementaire les grandes batailles socialistes pour l'enseignement laïc et le mouvement ouvrier. Pacifiste convaincu et opposé au colonialisme français, il est assassiné par un nationaliste à la veille de la Première Guerre mondiale. Lors du débat à la Chambre, Jaurès apparaît logiquement comme un défenseur de l'abolition, imposant l'idée qu'il faut traiter la cause et non la manifestation du crime, à savoir la réalité déplorable et misérable du statut des ouvriers et des classes défavorisées de la société française.

Chambre des députés – 18 novembre 1908

M. JAURÈS. – Je parle maintenant du meurtre volontaire avec préméditation, monsieur Ribot[1]. C'est un degré particulier de complication du meurtre. Dans tous les cas, cette forme la plus grave du meurtre, dans la période de 1895 à 1901, était de 137 par année en moyenne ; et dans la période de 1900 à 1906, c'est-à-dire dans celle où commence chez nous une recrudescence[2] de la criminalité, il y a eu en Angleterre non

1. *Monsieur Ribot* : Alexandre Ribot (1842-1923), député républicain modéré, plusieurs fois président du Conseil.
2. *Recrudescence* : voir la note 2, p. 94.

plus 137 mais 150 assassinats en moyenne par année. Les tentatives de meurtre – *attempts of murder* – c'est-à-dire les meurtres qui n'ont pas abouti à la suppression de la personne, ces tentatives de meurtre, qui étaient de 87 en moyenne par an dans la période de 1895 à 1901, passent à 105 par an dans la période de 1901 à 1905. En sorte que si les Anglais appliquaient les conclusions que nous tirons des statistiques pour une période aussi courte, ils devraient chercher à renforcer la peine de mort comme insuffisante ; en tout cas, s'ils ne l'avaient pas, ils auraient été, par votre raisonnement, induits à l'établir. Or à l'heure où je parle, la Chambre des communes est saisie de nombreux projets qui tendent à la limiter. (*Applaudissements à l'extrême gauche et sur divers bancs à gauche.*)

Non, messieurs, vous le voyez, des statistiques vous
106 ne pouvez conclure qu'une chose, c'est que dans les pays, de tempéraments[1] divers, où la peine de mort, depuis trente, quarante, cinquante ans n'est pas appliquée, il n'y a pas eu de recrudescence inquiétante de la criminalité. En France même, depuis quarante ans le mouvement est à peu près stationnaire.

Quelles sont les causes de cette recrudescence momentanée, depuis trois ans ?

Ah ! Messieurs, je n'ai pas la prétention de démêler à fond ; mais savez-vous quelle est notre objection principale contre la peine de mort ? Savez-vous quelle devrait être, pour tous les républicains, pour tous les hommes, l'objection principale contre la peine de mort ? C'est qu'elle détourne précisément les assemblées, c'est qu'elle détourne les nations de la recherche des res-

1. *Tempéraments* : à la fois caractères et mœurs.

ponsabilités sociales dans le crime. (*Applaudissements à l'extrême gauche et sur divers bancs à gauche.*)

Ah ! c'est chose facile, c'est procédé commode : un crime se commet, on fait monter un homme sur l'échafaud, une tête tombe; la question est réglée, le problème est résolu. Nous, nous disons qu'il est simplement posé; nous disons que notre devoir est d'abattre la guillotine et de regarder au-delà les responsabilités sociales. (*Applaudissements à l'extrême gauche.*)

Nous disons, messieurs, qu'il est très commode et qu'il serait criminel de concentrer, sur la seule tête des coupables, toute la responsabilité. Nous en avons notre part, tous les hommes en ont leur part, la nation tout entière en a sa part. [...]

On nous dit : « La peine de mort! elle est nécessaire, elle est exemplaire; si on la supprime, les crimes vont se multiplier. »

Messieurs, j'ai d'abord le droit de dire à la commission que c'est à elle de faire la preuve. Vous reconnaissez, vous-mêmes, que la peine de mort est atroce, qu'elle est une forme de la barbarie, que vous voudriez la rejeter, que vous demanderiez au pays de la rejeter, si elle n'était pas strictement indispensable à la sécurité des hommes.

C'est à vous, messieurs, de faire la preuve, par des faits décisifs, qu'elle est, en effet, indispensable. Or, qu'est-ce que je remarque? Ah! si vous la maintenez, si vous la développez, il y aura demain une certitude, la certitude que des têtes humaines tomberont; mais il y aura cette certitude aussi que, parmi ces têtes qui tomberont, il y aura des têtes d'innocents. (*Exclamations au centre et sur divers bancs à gauche. – Applaudissements à l'extrême gauche.*)

Je dis, messieurs, une certitude mathématique. (*Très bien! très bien! sur les mêmes bancs.*) Dans un seul cas d'exécution il y a une possibilité infime d'erreur; dans plusieurs cas, une possibilité plus grande et, en vertu de la loi même des probabilités[1], il est certain qu'en se continuant en se multipliant, les exécutions aboutissent inévitablement à la suppression de quelques innocents. (*Nouveaux applaudissements à l'extrême gauche. – Interruptions à droite.*)

C'est là, quoi que vous fassiez, une certitude que vous ne pouvez pas nier. Et en regard de cette certitude, que nous apportez-vous comme démonstration de l'efficacité de la peine de mort? S'agit-il pour nous d'entrer dans la psychologie des criminels? Vous nous demandez : «Êtes-vous sûre que jamais un homme méditant un crime n'a été arrêté par la pensée de l'échafaud possible?»

Je l'avoue, à une question ainsi posée je ne peux pas répondre; mais vous ne pourriez pas me répondre si je vous demandais : Êtes-vous sûre qu'il n'y avait pas des hommes pour lesquels l'idée de l'abominable torture était un frein possible? En êtes-vous sûrs? Vous n'avez pas plus de certitude sur ce point que nous n'en pouvons avoir pour le reste, et, dès lors, nous sommes réduits à des conjectures. (*Applaudissements à l'extrême gauche et sur divers bancs à gauche.*)

1. *Lois des probabilités* : loi mathématique qui calcule le nombre de chances d'obtenir un résultat.

III

LE XXe SIÈCLE

VERS L'ABOLITION

Eugène Weidmann, condamné à mort, fut guillotiné le 16 juin 1939.
Ce fut la dernière exécution publique en France.

Albert Camus
relance le débat

Figure par excellence de l'intellectuel engagé en politique au XXe siècle, Albert Camus (1913-1960), qui reçut le prix Nobel de littérature en 1957 « pour avoir mis en lumière les problèmes se posant de nos jours à la conscience des hommes », est l'auteur de romans, de pièces de théâtre et d'essais dans lesquels il développe ses idées sur l'absurdité du monde et l'indispensable révolte qu'il faut lui opposer.

Engagé dans la Résistance, Albert Camus, à la Libération, accepte dans un premier temps le principe de la condamnation à mort des anciens collaborateurs, Mais les dérives d'une justice qui ne se montre pas tout à fait impartiale l'incitent progressivement à modifier son point de vue et à signer notamment, en janvier 1945, la pétition demandant la grâce de l'écrivain collaborationniste Robert Brasillach, condamné à mort.

Il s'engage bientôt avec force dans un combat contre la peine de mort qui aboutit à la publication en 1957 de ses *Réflexions sur la guillotine*, rédigées pour compléter les *Réflexions sur la pendaison*, publiées en Angleterre par Arthur Koestler[1]. Les deux textes sont réunis dans un même ouvrage sous le titre *Réflexions sur la peine capitale*.

Partant de sa propre expérience et des sentiments d'horreur que suscite chez lui la peine capitale, Camus

1. *Arthur Koestler* : écrivain et philosophe hongrois (1905-1983), ancien membre du parti communiste, emprisonné et condamné à mort pendant la révolution espagnole.

élargit sa réflexion à l'inutilité de cette sanction et à sa perspective morale. Cette violence exercée par l'État est perçue par lui comme un frein à la pacification mondiale qu'il appelle de ses vœux. Ainsi, l'abolition en France n'est pour lui qu'une étape symbolique, destinée à servir d'exemple pour l'humanité tout entière : « Ni dans le cœur des individus, ni dans les mœurs des sociétés, il n'y aura de paix durable tant que la peine de mort ne sera pas mise hors la loi [1]. »

François Mauriac lui répond

À la Libération, l'écrivain catholique François Mauriac s'était opposé à Albert Camus sur la question de l'épuration [2], défendant des positions fondées sur la clémence.

Dans les années 50, Mauriac signe chaque semaine dans *L'Express* une chronique intitulée « Bloc-notes ». À la parution des *Réflexions sur la guillotine* de Camus, il réagit non pas en prenant position contre son ancien adversaire, mais en contestant la légitimité de son engagement. À ses yeux en effet, il est hypocrite de la part des Occidentaux de s'opposer à la peine de mort, tant leur histoire la plus récente est chargée de crimes qui ne sont, de la part de l'État, qu'une manière déguisée et aggravée de pratiquer la peine capitale.

---

1. A. Camus, *Réflexions sur la guillotine*, Gallimard, « Bibliothèque de la Pléiade », 1965, p. 1064.
2. *Épuration* : en 1944, à la Libération, élimination des personnes ayant collaboré avec les Allemands pendant la guerre.

Le contexte politique de l'époque est, rappelons-le, celui de la guerre d'Algérie et des méthodes de torture employées par une certaine partie de l'armée, contre lesquelles Mauriac a pris publiquement parti.

François Mauriac (1885-1970), *Bloc-notes*, 5 juillet 1957.

Vendredi 5 juillet 1957

Ce qu'Albert Camus écrit dans la *N.R.F.*[1] contre la peine de mort, je l'ai toujours pensé et cru. Alors pourquoi ce malaise que je ressens à le lire ? Je mesure ici ce qu'il en coûte d'avoir vécu cette histoire, la nôtre depuis vingt ans – celle des hommes de la race blanche, chrétiens ou héritiers de la civilisation chrétienne.

Je leur refuse le droit de se prononcer pour ou contre la peine de mort. Ils n'en sont plus là. Seules les formes de la justice subsistent chez eux. Les attentats contre la personne se multiplient partout derrière les façades vermoulues des vieilles lois. Il s'agit bien de la peine de mort !

La race qui a fourni à la guerre civile espagnole ses protagonistes, qui a traqué, torturé et brûlé des millions de Juifs pour les punir du crime d'être juifs, des centaines de milliers d'enfants, la race qui utilise encore le régime concentrationnaire et dont les

1. Il s'agit des *Réflexions sur la guillotine* publiées en juin-juillet 1957 dans la revue.

pendus de Nuremberg [1] demeurent, en plus d'un point de la planète, les maîtres et les inspirateurs, la race qui a multiplié les Oradour [2], qui a rétabli la torture – cette torture confiée autrefois à des spécialistes, mais devenue le violon d'Ingres[3] de citoyens pas plus méchants que d'autres –, la race familiarisée avec la notion de crime politique, et qui l'utilise, en Russie surtout, chaque fois qu'il importe de faire place nette – mais nous avons montré sous Vichy et aux jours de l'Épuration ce dont nous sommes capables nous-mêmes sur ce point –, la race blanche ne détient plus le droit de s'interroger sur la peine de mort, puisqu'elle a bafoué et violé tous les principes qui pourraient servir dans ce débat, de repère ou de norme.

Et puis, à quoi bon? La peine de mort supprimée dans les textes continuerait de régner dans les mœurs – ou plutôt l'usage du meurtre policier si répandu partout et qui, par comparaison, restitue à la peine de mort sa dignité et son honneur.

Vous pouvez l'effacer de toutes les législations où elle subsiste encore, des innocents n'en seront pas moins légalement abattus, par exemple « pour avoir tenté de fuir », des êtres humains n'en mourront pas moins, en Russie et ailleurs, de misère et d'épuisement dans des camps inconnus.

La loi martiale, les pouvoirs spéciaux rétabliraient

---

1. *Les pendus de Nuremberg* : De novembre 1945 à octobre 1946, vingt-quatre dirigeants nazis furent jugés à Nuremberg par un tribunal militaire international. Les condamnés furent pendus.
2. *Les Oradour* : allusion au massacre du village d'Oradour-sur-Glane (Haute-Vienne) perpétré par les SS de la division « Das Reich » le 10 juin 1944.
3. *Violon d'Ingres* : passe-temps favori.

d'ailleurs la peine de mort en l'étendant aux innocents, chaque fois qu'il plairait aux politiciens.

Vous ne réveillez le débat sur la peine de mort que pour vous donner l'illusion d'appartenir encore à une communauté digne de l'aborder, et pour échapper à l'évidence insupportable que toute notion de justice s'est obscurcie en nous, d'année en année, surtout depuis vingt ans. Les régimes de dictature ont accéléré cette décomposition dont la Grande Guerre avait déposé le germe en Europe.

Discuter de la peine de mort dispense, je le crains, les belles âmes d'aborder les problèmes plus brûlants. C'est feindre de croire que nous appartenons à un monde où la vie d'un être humain, quelle que soit la couleur de sa peau, demeure sacrée. [...]

La peine de mort : l'abolir, ce devrait être le couronnement d'une législation qu'aucune police militaire ou civile n'aurait plus le pouvoir de violer. Nous savons ce qu'il en est aujourd'hui.

Le respect de la vie, même chez les coupables de grands crimes, quel raffinement pour l'espèce de gens que nous sommes devenus ! C'est faire bien les délicats ! Il n'y faudrait aboutir qu'après un effort de régénération que nous n'avons même pas commencé d'entreprendre. Pour abolir la peine de mort, attendons d'en être devenus dignes.

Abolir la peine de mort quand on rétablit la torture ? Un peu de logique, voyons, Camus[1] !

1. F. Mauriac, *Bloc-notes*, 1952-1957, Éditions du Seuil, 1993, p. 477.

Robert Badinter (né en 1928)

Avocat parisien et professeur de droit, Robert Badinter s'est trouvé à différents moments de sa carrière confronté à la condamnation à mort. L'exécution en novembre 1972 de Claude Buffet et de Roger Bontems qu'il défendait va marquer une étape décisive dans son engagement politique en faveur de l'abolition. Il mène cette lutte sur différents terrains : dans le domaine professionnel, il devient l'avocat des condamnés à mort potentiels; dans le domaine intellectuel, il prend publiquement position dans la presse et dans les médias. Mais pour lui, face à une opinion publique majoritairement favorable à la peine de mort, la décision de l'abolition ne peut être que politique. En 1981, François Mitterrand est élu à la présidence de la République, et Robert Badinter est nommé garde des Sceaux. Il est chargé de mener à bien la réforme sur l'abolition de la peine de mort qui figurait parmi les propositions électorales du candidat socialiste et qui sera votée le 30 septembre 1981.

L'Exécution (1973)

Cet ouvrage est le récit du procès, puis de l'exécution de Claude Buffet et de Roger Bontems, défendu par Robert Badinter. En septembre 1971, les deux détenus, qui purgeaient respectivement à la centrale de Clairvaux une peine de réclusion à perpétuité et une peine de vingt ans, avaient pris en otage, une infirmière et un gardien pour exiger leur libération. Lors de l'assaut donné par les forces de l'ordre, les otages furent tués. Condamnés à mort, lors de leur procès à Troyes en juin 1972, les deux hommes espérèrent en vain jusqu'à la dernière minute, avec leurs avocats, la grâce présidentielle de Georges Pompidou. L'exécution est fixée au 24 novembre 1972.

À trois heures, le réveil sonna. J'étais allongé dans l'obscurité, ma femme près de moi. Nous nous taisions, depuis longtemps. Je me levai. J'usai les minutes à des préparatifs, à des gestes apaisants de ménagère. Je fis couler un bain brûlant, je mis de l'eau sur le feu. Je me rasai longuement. Je choisi avec soin un complet sombre, une chemise pâle, une cravate unie. C'était dérisoire, et cependant, je ne pouvais m'empêcher de penser qu'il fallait faire honneur à Bontems, qu'il fallait s'habiller avec respect pour voir un homme mourir, que c'était une politesse nécessaire. Je me demandai un instant si on allait lui rendre son pantalon, sa chemise, pour qu'il aille à la mort dans ses vêtements, et non dans le hideux costume pénitentiaire. Quand je fus prêt, j'allai à la fenêtre. J'ouvris les rideaux. Pas un bruit ne montait de l'avenue. Les réverbères luisaient dans la nuit. Il avait dû pleuvoir.

[…]

Accompagné de Philippe Lemaire, le second avocat de Bontemps, et de Rémy Crauste et Thierry Lévy, avocats de Buffet, Robert Badinter gagne la prison de la Santé.

Nous arrivâmes. La rue de la Santé était barrée des deux côtés par des policiers. Nous nous arrêtâmes devant le barrage, déclinâmes nos identités, comme chez le président de la République. Il fallait exhiber nos laissez-passer, nos cartes d'avocat. Les flashes des

Claude Buffet (en haut) et Roger Bontems (en bas) lors de leur transfert à la maison d'arrêt de Troyes.

photographes jaillirent. Je baissai les paupières. Les lumières faisaient mal. Enfin, le barrage s'ouvrit sur la rue vide. Philippe rangea sa voiture le long du trottoir, tout près de l'entrée. D'autres voitures étaient déjà garées. Je pensai qu'il y avait là beaucoup de monde, des gendarmes, des civils, des policiers autour de la grande porte. Nous pénétrâmes comme d'habitude par la petite porte sur le côté, par où passent les avocats, les visiteurs. J'avais gardé mon laissez-passer à la main. Quelques mètres encore, une autre porte à franchir. J'entrai dans la cour. La guillotine était là.

Je ne m'attendais pas à la trouver tout de suite devant moi. Je m'étais imaginé qu'elle serait cachée quelque part, dans une cour retirée. Mais c'était bien elle, telle que je l'avais vue, comme chacun de nous, sur tant de vieilles photographies et d'estampes. Je fus surpris cependant par les montants, très hauts, très minces qui se découpaient sur la verrière, derrière elle. Par contraste, le corps de la machine me parut petit, comme un coffre assez court. Mais telle quelle, avec ses deux grands bras maigres dressés, elle exprimait si bien la mort qu'elle paraissait la mort elle-même, devenue chose, matérialisée, dans cet espace nu. L'impression était encore renforcée par le dais noir, immense, tendu comme un vélum[1] ou un chapiteau sur toute la cour. Il cachait ainsi la guillotine aux regards qui, d'en haut, auraient pu plonger sur elle. Ce dais[2], qui dérobait tout le ciel, transformait la cour en une sorte de salle immense, où la guillotine se dressait seule comme une idole ou un autel maléfique. Les aides s'affairaient autour d'elle. Le symbole était aussi

1. *Vélum* : pièce d'étoffe servant à couvrir un bâtiment sans toit.
2. *Dais* : pièce d'étoffe tendue.

machine. Et cet aspect mécanique, utilitaire, confondu avec la mort qu'elle exprimait si fortement, rendait la guillotine ignoble et terrible.

Je passai à côté d'elle, me refusant à ralentir ou à presser le pas, à la contempler ou à l'esquiver. Elle était bien le terme de Clairvaux[1]. Buffet ne s'y était jamais trompé.

Nous montâmes les marches, derrière elle, qui menaient au bâtiment de l'administration. Les carreaux de la porte vitrée avaient été obscurcis par du papier bleu, collé sur les montants, comme la défense passive l'exigeait pendant la guerre. Ainsi, ne pourrait-on voir de l'intérieur ce qui se passerait dans la cour. Nous gagnâmes le bureau du directeur. Il était plein de monde. […]

Mais l'administration veillait. Bientôt cinq heures. Il fallait faire vite. Le directeur, courtoisement, me prit à part. Il y avait un problème. Lequel donc ? Qui allait-on exécuter en premier ? Buffet ou Bontems ? Une voix à côté de moi suggéra Buffet. Il y était préparé, il n'y aurait pas d'histoires. Je dis au directeur que j'allais en parler avec mes amis. C'était à nous de choisir. Nous nous retirâmes dans le couloir. Je posai la question. L'accord se fit aussitôt. Buffet attendait la mort. Bontems la grâce. Buffet ne pouvait fléchir. Quelle serait la réaction de Bontems ? Il fallait donc pour lui que l'attente soit la plus brève possible, que les choses aillent vite, très vite. Bontems passerait le premier. Je rapportai notre décision au directeur de la Santé. Il me regarda, parut préoccupé, mais ne dit rien. Peut-être avions-nous empiété sur la prérogative du bourreau, ou bien était-il choqué que ce soit les avocats qui

1. *Claivaux* : prison où ont été incarcérés Buffet et Bontems.

décident du tour de mort de leurs clients? Nous étions au-delà de ces délicatesses. Nous avions gagné quelques minutes de moins à vivre pour Bontems. C'était notre succès, le seul.

Je ne pouvais plus supporter ce bureau, ces présences. Je regagnai le couloir. L'aumônier[1] de la Santé était assis sur une banquette, en complet gris foncé, à col rond. Je pris place à ses côtés. Il me demanda : «C'est votre première exécution?» J'acquiesçai. C'était aussi son cas. Thierry Lévy était debout, non loin. Je le voyais de profil. Il portait son propre masque, tout blanc. Un monsieur couperosé[2] passa, le chapeau sur la tête, suivi du directeur. Il avait l'air mécontent. C'était le bourreau. J'entendis : «Il faut y aller, il est temps.» J'avais très chaud, dans ce corridor. J'enlevai mon pardessus, allai le poser dans le bureau du directeur. Tout le monde en sortait, en désordre. Je me hâtai de rejoindre le groupe, qui marchait à pas pressés. Je retrouvai Philippe, me plaçai près de lui. Nous franchîmes la première porte, entrâmes dans la rotonde[3]. Je cherchai des yeux le surveillant-chef. Il n'était pas là. La marche s'accéléra encore. Les gardiens ouvraient les grilles très vite, nous avancions à grands pas, nous courions presque dans le couloir. C'était grotesque et sinistre à la fois. Le cortège s'immobilisa. Nous étions arrivés devant la cellule de Bontems. Un gardien faisait jouer le verrou à toute force. La porte s'ouvrit tout grand, la lumière jaillit. Bontems sauta du lit, torse nu. Il retenait son caleçon

1. *Aumônier* : voir la note 2, p. 77.
2. *Couperosé* : le visage marqué par des rougeurs dues à l'éclatement de vaisseaux sanguins.
3. Les bâtiments de la Santé s'organisent en étoile autour d'une rotonde centrale.

d'une main, ses yeux clignotaient. Je le vis sourire et j'entendis : « Alors c'est oui ou c'est non ? » Déjà le procureur de la République[1] était dans la cellule. Il disait la phrase rituelle, du moins je le crois, car dans la confusion, il ressortait tandis que nous entrions Philippe et moi dans la cellule, avec des gardiens.

Alors commença une chose extraordinaire. Philippe prit Bontems par le cou et lui parla. Ce n'était pas un discours, mais une incantation[2] verbale où, sans cesse, revenait le mot courage. « Tu es bien, tu es formidable, tu as du courage. » Je ne sais pas si Bontems comprenait tout ce que Philippe lui disait, à phrases décousues. Mais elles entraient en lui, le protégeaient, écartant la réalité. Seule importait la voix amicale, les mots familiers, cette tendresse secrète qui faisait irruption, dans cette cellule, et berçait Bontems au moment de mourir. Ce que Philippe accomplit en cet instant dépassa tout ce qu'un avocat peut espérer jamais atteindre au service de la défense. Il interdit à l'horreur d'entrer, il ferma Bontems à la peur, à l'angoisse, le protégea contre tant d'ignominie, comme une mère son petit. Et Bontems, magnétisé par cette tendresse, cette force que Philippe déversait en lui, continuait de sourire. Il avait mis ses lunettes, il enfilait sa chemise. Il voulait se rouler une cigarette, ne trouvait plus le tabac. Nous nous fouillions. Un gardien, vite, lui en tendit une déjà allumée. Maintenant, il était maître de lui, et, parce qu'il allait mourir, de nous aussi qui l'entourions. Il dit : « Bon, eh bien ! je

1. *Procureur de la République* : magistrat représentant le ministère public et qui mène l'accusation.
2. *Incantation* : paroles magiques prononcées de façon monocorde, proches de la prière.

vais faire un brin de toilette. » Nous le vîmes se passer de l'eau sur le visage, se peigner, pisser. Et, rajustant son pantalon, face à la porte entrouverte, il lança à la cantonade : « Alors, tu bandes ! » à l'adresse de l'avocat général. Ce fut son seul mot de révolte ou de vengeance. Déjà, il s'inquiétait auprès de Philippe : « Maître, je n'ai pas écrit de lettre à mes parents. » Il avait donc toujours cru en la grâce. Nous l'avions trop bien convaincu. Il pourrait écrire à la rotonde. Le gardien-chef, celui qui avait donné la cigarette, nous fit signe. Il était temps de quitter la cellule. Avant de sortir, Bontems remit à Philippe ses photos, des papiers. Puis il nous regarda et dit : « Eh bien, allons-y ! » Nous repartîmes, à travers les couloirs, les grilles ouvertes. Des gardiens ouvraient la voie, Bontems derrière eux, Philippe le bras autour de ses épaules, lui parlant toujours à voix basse. À la rotonde, il y avait déjà du papier, un stylo, des enveloppes, tout prêts sur la table. Bontems s'assit. Il hésitait, la pointe levée. Le juge d'instruction parut à ce moment, demanda à Bontems conformément à la loi s'il avait des déclarations à faire. Il n'en avait aucune. Le juge s'en fut. Bontems se mit à écrire. Nous étions debout derrière lui. Il écrivait difficilement. Ce fut bref. Il devait sentir autour de lui cette hâte d'en finir, ou bien il ne voulait pas laisser la pensée de ses parents monter en lui, à cet instant. Philippe avait toujours sa main sur son épaule. Bontems se leva, lui remit la lettre. Nous reprîmes notre marche jusqu'à la prochaine station.

Dans une sorte de bas-côté, l'aumônier avait dressé l'autel. Le Christ tendait ses bras vers les grilles. Deux gardiens s'étaient placés chacun d'un côté du bureau recouvert du linge sacré, un peu en retrait, étrange présence en cet instant. L'aumônier attendait

Bontems. Il le mena dans le fond, derrière l'autel. Nous nous arrêtâmes. Bontems était tout proche du prêtre. Il se confessait sans doute. À présent le prêtre lui parlait. Tout était silencieux. Je me retournai. Il y avait là le bourreau qui avait gardé son chapeau sur la tête. Le conseiller aussi dont les lèvres remuaient et qui disait sans doute la prière des agonisants. Et puis d'autres encore. Je les regardai. Tous, et sans doute moi aussi, montraient une sorte de rictus. La lumière électrique durcissait encore leurs traits. Ils avaient tous, à cet instant, des gueules d'assassins. Seuls le prêtre et Bontems, qui recevait l'absolution[1], avaient encore des visages d'hommes. Le crime avait, physiquement, changé de camp.

Bontems revint vers nous. Nous reprîmes encore une fois notre marche. Devant la porte vitrée, celle qui ouvrait sur la cour, une chaise était posée. Devant elle, nous nous arrêtâmes. Le gardien-chef, qui avait donné la cigarette, s'approcha, une bouteille à la main. C'était du cognac, Bontems accepta, vida le gobelet d'un seul trait. « Il est bon », remarqua-t-il. Le surveillant dit « Oui » en regardant la bouteille. Et puis, à partir de cet instant, tout alla très vite. Le bourreau s'approcha. Bontems lui appartenait totalement enfin. Les aides, en bleu de chauffe[2], entourèrent Bontems. Il fut assis sur la chaise, ligoté, redressé, on tirait sur les liens à coups secs. Philippe lui parlait, il hochait la tête. Il fut empoigné. Philippe l'étreignit, je l'embrassai à mon tour. Déjà on l'entraînait. Je tendis la main

---

1. *Absolution* : pardon des péchés accordé par le prêtre à la confession.
2. *Bleu de chauffe* : bleu de travail, combinaison d'ouvrier.
3. *Butoir* : pièce servant à arrêter (ici la lame de la guillotine).

vers lui, vers cette épaule nue, mais il était happé, emporté. La porte s'ouvrit. Philippe laissa échapper une plainte, la seule. Je me détournai. Nous entendîmes le claquement sec de la lame sur le butoir[3]. C'était fini.

Le cortège de Buffet approchait. Nous n'avions pas de raison de le rejoindre. Nous regagnâmes l'antichambre du directeur. Philippe appuyait sa tête sur le mur. Toutes ses forces, il les avait données à Bontems pour qu'il meure bien. Maintenant, il n'en pouvait plus. Il était le coureur épuisé qui s'effondre, après l'arrivée. Je m'assis encore une fois à ses côtés. Il était plus près de moi qu'il ne l'avait jamais été. Nous étions deux vaincus sur le même banc. Mais je savais maintenant, à quoi sert, même vaincu, un avocat. J'entendis à nouveau, une deuxième fois, le même claquement sec, dans la cour. Buffet était mort, après son camarade.

Ses avocats nous rejoignirent. Nous attendîmes un instant. Rien ne pressait plus. Autour de nous, c'était la débandade[1]. Chacun partait de son côté, à la hâte. J'entendis le bruit d'un moteur dans la cour, les grandes portes qui tournaient dans leurs gonds. Nous n'avions plus rien à faire là. Je traversai la cour. Autour de la guillotine, un aide aspergeait le pavé. Le dais pesait de tout son poids noir. Nous sortîmes. Après la cour étouffée par le dais, la rue me parut grouillante d'agitation. Des journalistes, des photographes avaient franchi le barrage de police. Ils couraient vers la porte, sur la chaussée, sur le trottoir. La voiture de Philippe était à quelques mètres. Devant elle, j'étreignis Philippe de toutes mes forces. Puis je m'en allai seul, le long de la rue de la Santé. Un journaliste m'ar-

1. *Débandade* : dispersion rapide et désordonnée.

rêta, me demanda comment cela s'était passé. L'absurdité de tout commentaire et la lassitude m'envahirent. Je regardai un instant ce jeune homme qui attendait, le carnet ouvert, l'air inquiet. Je hochai négativement la tête et repris ma marche. Je pensai qu'il faisait très froid.

De l'autre côté du boulevard Arago, j'aperçus ma femme qui venait vers moi. Je lui ai sûrement souri. Nous avons échangé quelques mots. Nous sommes partis aussitôt. Ma femme conduisait doucement. Les rues étaient vides, comme moi. J'essuyai la glace de mon gant. Il n'y avait plus rien à faire, à dire. C'était fini, voilà tout, fini l'affaire Bontems.

L'Abolition (2000)

L'Abolition est le récit par Robert Badinter de son combat pour l'abolition de la peine de mort. Il y raconte les luttes qu'il a menées en tant qu'avocat pour éviter la peine de mort à des criminels. C'est le cas de Patrick Henry en 1976 : accusé de l'enlèvement, de la séquestration, puis de l'assassinat d'un jeune garçon de huit ans, il vit se déchaîner contre lui toute l'opinion publique qui réclamait sa condamnation à mort. Défendu par Me Badinter, il fut condamné à la prison à perpétuité. Une commission étudie aujourd'hui la possibilité de sa libération conditionnelle.

L'automne s'achevait. La date du procès était fixée : du 18 au 20 janvier 1977. En décembre, Bocquillon[1] et moi eûmes un long entretien à Paris.

1. Robert Bocquillon assurait avec Robert Badinter la défense de Patrick Henry.

Nous nous répartîmes les tâches : à lui de faire comprendre aux magistrats et aux jurés[1] que Patrick Henry n'était pas un monstre, mais un jeune homme qui avait commis un crime dont l'atrocité le dépassait. À moi de les convaincre qu'il ne fallait pas condamner à mort un être humain, quel que soit son crime. Quant aux faits eux-mêmes, nous veillerions, au cours des débats, à écarter des esprits la préméditation.

Demeurait l'imprévisible, si fréquent dans un procès d'assises[2]. Nous y pourvoirions de notre mieux. Le dossier le mieux préparé ne met jamais à l'abri des surprises de l'audience[3].

Je savais qu'il me faudrait plaider contre la peine de mort. Puisque tout avait été dit à ce sujet, il fallait trouver, ailleurs que dans une argumentation classique, le ressort secret capable de libérer, chez les juges de Patrick Henry, les forces émotionnelles qui interdiraient de le condamner à mort. J'excluais le recours à la description de l'horreur du supplice. Par tempérament janséniste[4], je refusais toute exploitation rhétorique de la guillotine. Il fallait l'éloquence flamboyante d'Émile Pollak[5] pour soutenir une telle évocation sans verser dans le mélodrame.

Je cherchai donc l'image la plus saisissante, sous la forme la plus dépouillée, pour exprimer la réalité du supplice. Guillotiner, ce n'était rien d'autre que prendre un homme et le couper, vivant, en deux

1. Le jury d'une cour d'assises est composé de trois magistrats (juges) professionnels et de neuf jurés populaires.
2. *Assises* : cour qui juge les crimes.
3. *Audience* : séance d'un tribunal.
4. *Janséniste* : qui fait preuve de rigueur excessive dans ses idées, austère.
5. *Émile Pollak* : avocat abolitionniste.

morceaux. C'était aussi simple et insoutenable que cela. Voilà ce qu'on demanderait aux juges et aux jurés d'ordonner. Je décidai de le leur dire en face. Étrangement, bien des années plus tard, en classant des papiers, je découvris que cette image, cette formule, « couper vivant un homme en deux », je l'avais lue quelques années plus tôt dans une des lettres que Buffet[1] avait adressées au président Pompidou[2]. Je compris alors pourquoi elle m'avait tant impressionné, et pourquoi je l'avais refoulée aussi profondément dans ma mémoire.

Cependant, même l'horreur de la guillotine ne suffirait pas à susciter dans cette affaire un mouvement de pitié pour l'assassin. Avait-il eu, lui, pitié de l'enfant, de ses parents martyrisés ? C'était ailleurs que se trouvait la clef qui m'ouvrirait les cœurs. L'image de l'homme coupé en deux me la livra. Elle n'était insoutenable que si juges et jurés se sentaient personnellement responsables du supplice. Il ne suffirait pas qu'il leur fît horreur. Il fallait que cette horreur leur fût imputable[3], qu'elle leur incombât[4] directement. Il s'agissait, avec toute l'intensité possible, de les mener devant la guillotine, leur montrer ce jeune homme devant eux, et leur dire : à vous, maintenant, de décider s'il doit être coupé en deux dans la cour de la prison. C'était devant ce choix-là qu'il fallait les placer, sans leur permettre de s'y dérober.

1. *Buffet* : cf. p. 116.
2. Georges Pompidou, président de la République de 1969 à 1974. Le Président peut seul gracier un condamné à mort, ce qui explique les lettres que lui adresse Buffet.
3. *Imputable* : attribuable.
4. *Qu'elle leur incombât* : qu'ils en portent la responsabilité.

Or l'issue la plus évidente, c'était le droit de grâce du président de la République. Une condamnation à mort n'était en définitive qu'un vœu de mort montant de la cour d'assises vers le Président. Lui seul détenait le pouvoir ultime de faire mettre à mort – ou de laisser vivre – le condamné. Mais, dans le cas de Patrick Henry, l'alternative avait disparu. La décision du Président d'envoyer Ranucci[1] à la guillotine impliquait le refus de la grâce de Patrick Henry. Car son crime était plus odieux encore que celui imputé à Ranucci, dont ce dernier s'était déclaré innocent jusqu'au pied de l'échafaud. C'était donc des magistrats et des jurés, et d'eux seuls, que dépendait la vie ou la mort de Patrick Henry. Mon rôle consistait à les placer face à cette responsabilité inouïe. D'en faire jauger le poids à chacun d'entre eux, jusqu'à la fin de ses jours. De les éclairer aussi complètement que possible. Puis de les rendre à la terrible solitude de celui qui doit décider. Alors ils mesureraient réellement ce que signifiaient les mots : condamner à mort. Je me souvenais de la phrase de La Rochefoucauld[2] : « *Le soleil ni la mort ne se peuvent regarder fixement.* » Eh bien, je mettrais magistrats et jurés face à la mort de Patrick Henry.

* * *

1. *Ranucci* : Christian Ranucci avait été condamné à mort et exécuté en juillet 1976 pour l'enlèvement et l'assassinat d'une adolescente.
2. *La Rochefoucauld* : moraliste du XVIIe siècle.

Je rappelai la guillotine et le rituel de mort derrière les hauts murs, sous le dais noir. Et, calmement, je dis que, si Patrick Henry était condamné à mort, nous irions, Bocquillon et moi, cette nuit-là, avec l'abbé Clavier[1], à la Santé. Mais l'avocat général[2], lui, n'était pas venu voir mourir Bontems et Buffet.

Je me tournai alors vers les jurés, cherchai leur regard. Je ne voulais pas les perdre, pas une seconde. Je leur dis qu'ici, c'étaient désormais eux et lui, l'accusé, qui étaient seuls en cause. Je leur dis que, quand l'avocat général demandait la peine de mort, c'était à eux, ensuite, qu'il laisserait la responsabilité de la décision. Il n'y aurait pas de cassation[3], parce qu'il n'y avait pas de motifs de cassation. Il n'y aurait pas de grâce, puisque le Président avait fait exécuter Christian Ranucci. Je leur dis qu'ils étaient donc seuls, seuls à décider de la vie ou de la mort de ce garçon assis là, dans ce box[4]; que c'était un moment unique dans leur existence, qui les engagerait pour le restant de leurs jours.

Ils me fixaient avec une attention intense. Alors j'entamai vraiment ma plaidoirie[5]. J'avançais comme un funambule, sur une sorte de fil intérieur qui me tenait au-dessus d'un abîme que moi seul voyais. Je fis ce que je n'avais pas prévu de faire; je repris les faits, très vite, seulement pour balayer la préméditation. Je refusais

1. *L'abbé Clavier* : aumônier de la prison de la Santé.
4. *Avocat général* : avocat de l'accusation.
3. *Cassation* : annulation d'une décision de justice par une cour compétente.
4. *Box* : compartiment cloisonné dans lequel se trouve l'accusé dans la salle du tribunal.
5. *Plaidoirie* : discours au cours duquel l'avocat de la défense expose ses arguments en faveur de l'accusé.

l'idée que la mort de l'enfant fût inscrite dans le projet de Patrick Henry. Et je rappelai que la Chambre d'accusation[1] ne l'avait pas retenue contre lui.

Mais, même sans la préméditation, le meurtre de l'enfant n'en demeurait pas moins atroce. Et cette atrocité, inexplicable. Rien, chez ce garçon de vingt-quatre ans, ne l'annonçait. Et certainement pas les larcins[2] de son adolescence. « Normal », disaient les psychiatres. Normal, un pareil crime chez un garçon « normal » de cet âge ? J'évoquai les limites de la connaissance psychiatrique, l'incertitude des experts. Nul ne savait réellement qui était ce jeune homme. Pas plus eux, ses juges, que les experts. Mais c'était à eux qu'on demandait de le tuer. C'était donc cela, la peine de mort : ce sacrifice judiciaire dans les ténèbres de l'ignorance.

J'en étais arrivé au point où je voulais d'emblée aller. Je rappelai ce qu'avaient déclaré le professeur Lwoff et le professeur Léauté[3]. Je citai l'exemple de tous les pays européens, nos voisins, tous abolitionnistes. Je rappelai aussi, plus intensément encore, qu'à Troyes on avait condamné à mort Buffet et Bontems, il y avait seulement quatre ans de cela. Patrick Henry se trouvait dans la foule qui hurlait « À mort ! » devant le palais de justice. Leur exécution l'avait-elle dissuadé d'agir ?

Je savais que tous ces arguments, toutes ces raisons qui justifiaient l'abolition, les juges et les jurés les

1. *Chambre d'accusation* : chambre qui étudie le dossier de l'accusé constitué par le juge d'instruction avant l'ouverture de son procès devant la cour d'assises.

2. *Larcins* : petits vols.

3. *Le professeur Lwoff et le professeur Léauté* : deux spécialistes (le premier, prix Nobel de médecine, le second, directeur de l'Institut de criminologie) que Robert Badinter fit témoigner contre la peine de mort lors du procès.

avaient déjà entendus. Mais, à cet instant, ils m'écoutaient passionnément. Ce n'était pas le sort de la peine de mort qui se jouait, c'était la vie ou la mort d'un jeune homme. Et elle dépendait d'eux.

Alors je sentis le moment venu d'évoquer ce qui se décidait là d'essentiel pour eux, en ce moment unique. J'en arrivai au cœur des choses, à la décision de mort qu'on voulait leur arracher. Je leur rappelai Nicole Henry[1] et son frère, sanglotant à la barre. Je leur demandai où était la justice quand les larmes d'une mère faisaient écho aux larmes d'une autre mère. Je pris devant moi la lettre que Mme Ranucci, la mère de Christian, avait adressée au bâtonnier Bocquillon. Je la lus lentement aux jurés :

« Je vous adresse cette carte pour que vous fassiez connaître à la famille de Patrick Henry que je prends part à leur calvaire inhumain. Je prie pour que la vie de leur fils soit épargnée. Je suis angoissée et je pleure comme eux en lisant et en écoutant le détail du procès où les partisans de la peine de mort font preuve de férocité. Ils ne pensent pas que leur fils ou leur frère peut être un jour à cette place. Je suis la mère du garçon de vingt-deux ans condamné à mort, Christian Ranucci. »

Je reposai la lettre. J'étais au bout de mes forces. Il fallait conclure. Debout à la barre, comme si, à travers tant d'années écoulées, résonnait encore en moi la voix de mon vieux maître Henry Torrès, dans un ultime élan de passion j'évoquai l'évêque de Troyes, Mgr Fauchet, et l'exigence du pardon pour qui croit en Dieu. Et, pour celui qui ne croit qu'en ce monde, je dis ma foi en l'homme, toujours susceptible de changer, de s'améliorer, de s'élever. Je m'arrêtai un instant. Je pris le regard des jurés, l'un après l'autre. Je m'en-

1. *Nicole Henry* : sœur aînée de l'accusé.

Robert Badinter au moment du procès Patrick Henry.

tendis leur dire : « *Si vous votez comme Monsieur l'avocat général vous le demande, je vous le dis, le temps passera, c'en sera fini du tumulte, des encouragements, vous demeurerez seul avec votre décision. On abolira la peine de mort, et vous resterez seul avec votre verdict, pour toujours. Et vos enfants sauront que vous avez un jour condamné à mort un jeune homme. Et vous verrez leur regard !* »

Je me tus. Les jurés me fixaient toujours. Certains s'efforçaient de dissimuler leurs larmes. Nous restâmes face à face dans le silence. Je me rassis. Je ne pouvais plus rien pour Patrick Henry.

Discours à l'Assemblée nationale – 17 septembre 1981

La dernière étape de la lutte de Robert Badinter contre la peine de mort est politique : il présente et défend devant l'Assemblée nationale le projet de loi gouvernemental, et ce malgré une opinion publique majoritairement favorable à la peine capitale[1]. Le projet sera approuvé par 363 voix contre 117.

Assemblée nationale – 17 septembre 1981

M. LE GARDE DES SCEAUX. – Voici la première évidence : dans les pays de liberté l'abolition est presque partout la règle ; dans les pays où règne la dictature, la peine de mort est partout pratiquée.

---

1. On se reportera pour ce qui concerne les enjeux politiques de la peine de mort en France, et plus particulièrement sur les débats autour de l'abolition à cette époque, au troisième point du dossier, p. 158.

Ce partage du monde ne résulte pas d'une simple coïncidence, mais exprime une corrélation. La vraie signification politique de la peine de mort, c'est bien qu'elle procède de l'idée que l'État a le droit de disposer du citoyen jusqu'à lui retirer la vie. C'est par là que la peine de mort s'inscrit dans les systèmes totalitaires :

C'est par là même que vous retrouvez, dans la réalité judiciaire, et jusque dans celle qu'évoquait Raymond Forni[1], la vraie signification de la peine de mort. Dans la réalité judiciaire, qu'est-ce que la peine de mort? Ce sont douze hommes et femmes, deux jours d'audience[2], l'impossibilité d'aller jusqu'au fond des choses et le droit, ou le devoir, terrible, de trancher, en quelques quarts d'heure, parfois quelques minutes, le problème si difficile de la culpabilité, et, au-delà, de décider de la vie ou de la mort d'un autre être. Douze personnes, dans une démocratie, qui ont le droit de dire : celui-là doit vivre, celui-là doit mourir! Je le dis : cette conception de la justice ne peut être celle des pays de liberté, précisément pour ce qu'elle comporte de signification totalitaire.

Quant au droit de grâce[3], il convient, comme Raymond Forni l'a rappelé, de s'interroger à son sujet. Lorsque le roi représentait Dieu sur la terre, qu'il était oint[4] par la volonté divine, le droit de grâce avait un fondement légitime. Dans une civilisation, dans une

1. *Raymond Forni* : député socialiste, rapporteur du projet de loi. Raymond Forni a été élu en avril 2000 président de l'Assemblée nationale.

2. *Audience* : voir la note 3, p. 127.

3. *Droit de grâce* : voir la note 2, p. 128.

4. *Oint* : consacré symboliquement par une huile.

société dont les institutions sont imprégnées par la foi religieuse, on comprend aisément que le représentant de Dieu ait pu disposer du droit de vie ou de mort. Mais dans une république, dans une démocratie, quels que soient ses mérites, quelle que soit sa conscience, aucun homme, aucun pouvoir ne saurait disposer d'un tel droit sur quiconque en temps de paix.

M. JEAN FALALA[1]. — Sauf les assassins !

[…]

M. LE GARDE DES SCEAUX. — À cette considération de fait, il faut ajouter une donnée morale : utiliser contre les terroristes la peine de mort, c'est, pour une démocratie, faire siennes – les valeurs de ces derniers. Quand, après l'avoir arrêté, après lui avoir extorqué des correspondances terribles, les terroristes, au terme d'une parodie dégradante de justice, exécutent celui qu'ils ont enlevé, non seulement ils commettent un crime odieux, mais ils tendent à la démocratie le piège le plus insidieux, celui d'une violence meurtrière qui, en forçant cette démocratie à recourir à la peine de mort, pourrait leur permettre de lui donner, par une sorte d'inversion des valeurs, le visage sanglant qui est le leur.

Cette tentation, il faut la refuser, sans jamais, pour autant, composer avec cette forme ultime de la violence, intolérable dans une démocratie, qu'est le terrorisme.

Mais lorsqu'on a dépouillé le problème de son aspect passionnel et qu'on veut aller jusqu'au bout de la lucidité, on constate que le choix entre le maintien et l'abolition de la peine de mort, c'est, en définitive,

---

1. *Jean Falala* : député RPR de la Marne.

pour une société et pour chacun d'entre nous, un choix moral.

Je ne ferai pas usage de l'argument d'autorité[1], car ce serait malvenu au Parlement, et trop facile dans cette enceinte. Mais on ne peut pas ne pas relever que, dans les dernières années, se sont prononcés hautement contre la peine de mort, l'Église catholique de France, le conseil de l'Église réformée et le rabbinat. Comment ne pas souligner que toutes les grandes associations internationales qui militent de par le monde pour la défense des libertés et des droits de l'homme – Amnesty international, l'Association internationale des droits de l'homme, la Ligue des droits de l'homme – ont fait campagne pour que vienne l'abolition de la peine de mort.

[...]

Pour les partisans de la peine de mort, dont les abolitionnistes et moi-même avons toujours respecté le choix en notant à regret que la réciproque n'a pas toujours été vraie, la haine répondant souvent à ce qui n'était que l'expression d'une conviction profonde, celle que je respecterai toujours chez les hommes de liberté, pour les partisans de la peine de mort, disais-je, la mort du coupable est une exigence de justice. Pour eux, il est en effet des crimes trop atroces pour que leurs auteurs puissent les expier[2] autrement qu'au prix de leur vie.

1. *Argument d'autorité* : argument émanant d'individus reconnus et faisant autorité dans un domaine. On peut penser que l'« autorité » désignée ici par Robert Badinter est celle du président François Mitterrand.
2. *Expier* : payer par une punition.

La mort et la souffrance des victimes, ce terrible malheur, exigeraient comme contrepartie nécessaire, impérative, une autre mort et une autre souffrance. À défaut, déclarait un ministre de la Justice récent, l'angoisse et la passion suscitées dans la société par le crime ne seraient pas apaisées. Cela s'appelle, je crois, un sacrifice expiatoire[1]. Et justice, pour les partisans de la peine de mort, ne serait pas faite si à la mort de la victime ne répondait pas, en écho, la mort du coupable.

Soyons clairs. Cela signifie simplement que la loi du talion[2] demeurerait, à travers les millénaires, la loi nécessaire, unique de la justice humaine.

Du malheur et de la souffrance des victimes, j'ai, beaucoup plus que ceux qui s'en réclament, souvent mesuré dans ma vie l'étendue. Que le crime soit le point de rencontre, le lieu géométrique du malheur humain, je le sais mieux que personne. Malheur de la victime elle-même et, au-delà, malheur de ses parents et de ses proches. Malheur aussi des parents du criminel. Malheur enfin, bien souvent, de l'assassin. Oui, le crime est malheur, et il n'y a pas un homme, pas une femme de cœur, de raison, de responsabilité, qui ne souhaite d'abord le combattre.

Mais ressentir, au profond de soi-même, le malheur et la douleur des victimes, mais lutter de toutes les manières pour que la violence et le crime reculent dans notre société, cette sensibilité et ce combat ne sauraient impliquer la nécessaire mise à mort du coupable. Que les parents et les proches de la victime souhaitent cette mort, par réaction naturelle de l'être

1. *Sacrifice expiatoire* : sacrifice visant à obtenir réparation.
2. *Loi du talion* : voir la note 2, p. 7.

humain blessé, je le comprends, je le conçois. Mais c'est une réaction humaine, naturelle. Or tout le progrès historique de la justice a été de dépasser la vengeance privée. Et comment la dépasser, sinon d'abord en refusant la loi du talion ?

La vérité est que, au plus profond des motivations de l'attachement à la peine de mort, on trouve, inavouée le plus souvent, la tentation de l'élimination. Ce qui paraît insupportable à beaucoup, c'est moins la vie du criminel emprisonné que la peur qu'il récidive un jour. Et ils pensent que la seule garantie, à cet égard, est que le criminel soit mis à mort par précaution.

Ainsi, dans cette conception, la justice tuerait moins par vengeance que par prudence. Au-delà de la justice d'expiation, apparaît donc la justice d'élimination, derrière la balance, la guillotine. L'assassin doit mourir toute simplement parce que, ainsi, il ne récidivera pas. Et tout paraît si simple, et tout paraît si juste !

Mais quand on accepte ou quand on prône la justice d'élimination, au nom de la justice, il faut bien savoir dans quelle voie on s'engage. Pour être acceptable, même pour ses partisans, la justice qui tue le criminel doit tuer en connaissance de cause. Notre justice, et c'est son honneur, ne tue pas les déments[1]. Mais elle ne sait pas les identifier à coup sûr, et c'est à l'expertise psychiatrique, la plus aléatoire, la plus incertaine de toutes, que, dans la réalité judiciaire, on va s'en remettre. Que le verdict psychiatrique soit favorable à l'assassin, et il sera épargné. La société acceptera d'assumer le risque qu'il représente sans que quiconque s'en indigne. Mais que le verdict psychiatrique lui soit défavorable, et il sera exécuté. Quand

1. *Déments* : fous ou jugés irresponsables.

on accepte la justice d'élimination, il faut que les responsables politiques mesurent dans quelle logique de l'Histoire on s'inscrit. [...]

Il s'agit bien, en définitive, dans l'abolition, d'un choix fondamental, d'une certaine conception de l'homme et de la justice. Ceux qui veulent une justice qui tue, ceux-là sont animés par une double conviction : qu'il existe des hommes totalement coupables, c'est-à-dire des hommes totalement responsables de leurs actes, et qu'il peut y avoir une justice sûre de son infaillibilité[1] au point de dire que celui-là peut vivre et que celui-là doit mourir.

À cet âge de ma vie, l'une et l'autre affirmations me paraissent également erronées. Aussi terribles, aussi odieux que soient leurs actes, il n'est point d'hommes en cette terre dont la culpabilité soit totale et dont il faille pour toujours désespérer totalement. Aussi prudente que soit la justice, aussi mesurés et angoissés que soient les femmes et les hommes qui jugent, la justice demeure humaine, donc faillible. Et je ne parle pas seulement de l'erreur judiciaire absolue, quand, après une exécution, il se révèle, comme cela peut encore arriver, que le condamné à mort était innocent et qu'une société entière – c'est-à-dire nous tous – au nom de laquelle le verdict a été rendu, devient ainsi collectivement coupable puisque sa justice rend possible l'injustice suprême. Je parle aussi de l'incertitude et de la contradiction des décisions rendues qui font que les mêmes accusés, condamnés à mort une première fois, dont la condamnation est cassée pour vice de forme[2],

1. *Infaillibilité* : caractère de ce qui ne peut se tromper.
2. *Cassée pour vice de forme* : annulée à cause d'un défaut dans la procédure judiciaire elle-même.

sont de nouveau jugés et, bien qu'il s'agisse des mêmes faits, échappent, cette fois-ci, à la mort, comme si, en justice, la vie d'un homme se jouait au hasard d'une erreur de plume d'un greffier[1]. Ou bien tels condamnés, pour des crimes moindres, seront exécutés, alors que d'autres, plus coupables, sauveront leur tête à la faveur de la passion de l'audience, du climat ou de l'emportement de tel ou tel.

Cette sorte de loterie judiciaire, quelle que soit la peine qu'on éprouve à prononcer ce mot quand il y va de la vie d'une femme ou d'un homme, est intolérable. [...] Pour ceux d'entre nous qui croient en Dieu, lui seul a le pouvoir de choisir l'heure de notre mort. Pour tous les abolitionnistes, il est impossible de reconnaître à la justice des hommes ce pouvoir de mort parce qu'ils savent qu'elle est faillible.

Le choix qui s'offre à vos consciences est donc clair : ou notre société refuse une justice qui tue et accepte d'assumer, au nom de ses valeurs fondamentales – celles qui l'ont faite grande et respectée entre toutes – la vie de ceux qui font horreur, déments ou criminels ou les deux à la fois, et c'est le choix de l'abolition ; ou cette société croit, en dépit de l'expérience des siècles, faire disparaître le crime avec le criminel, et c'est l'élimination.

Cette justice d'élimination, cette justice d'angoisse et de mort, décidée avec sa marge de hasard, nous la refusons. Nous la refusons parce qu'elle est pour nous l'anti-justice, parce qu'elle est la passion et la peur triomphant de la raison et de l'humanité.

[...]

1. *Greffier* : officier qui rédige les actes des procédures judiciaires.

J'en ai terminé.

Les propos que j'ai tenus, les raisons que j'ai avancées, votre cœur, votre conscience vous les avaient déjà dictés aussi bien qu'à moi. Je tenais simplement, à ce moment essentiel de notre histoire judiciaire, à les rappeler, au nom du Gouvernement.

Je sais que dans nos lois, tout dépend de votre volonté et de votre conscience. Je sais que beaucoup d'entre vous, dans la majorité comme dans l'opposition, ont lutté pour l'abolition. Je sais que le Parlement aurait pu aisément, de sa seule initiative, libérer nos lois de la peine de mort. Vous avez accepté que ce soit sur un projet du Gouvernement que soit soumise à vos votes l'abolition, associant ainsi le Gouvernement et moi-même à cette grande mesure. Laissez-moi vous on remercier.

Demain, grâce à vous la justice française ne sera plus une justice qui tue. Demain, grâce à vous, il n'y aura plus, pour notre honte commune, d'exécutions furtives, à l'aube, sous le dais noir, dans les prisons françaises. Demain, les pages sanglantes de notre justice seront tournées.

À cet instant plus qu'à aucun autre, j'ai le sentiment d'assumer mon ministère, au sens ancien, au sens noble, le plus noble qui soit, c'est-à-dire au sens de « service ». Demain, vous voterez l'abolition de la peine de mort. Législateur français, de tout mon cœur, je vous en remercie. (*Applaudissements sur les bancs des socialistes et des communistes et sur quelques bancs du Rassemblement pour la République et de l'Union pour la démocratie française. Les députés socialistes et quelques députés communistes se lèvent et applaudissent longuement.*)

Julien Clerc/Jean-Loup Dabadie « L'Assassin assassiné » (1980)

Les années 1970 sont marquées par de nombreux procès dans lesquels la peine de mort est requise, votée, puis appliquée jusqu'en 1977, date de la dernière exécution en France. Le débat sur la peine de mort s'installe sur la place publique, à travers la presse et les sondages, et la chanson populaire s'empare du sujet. Tandis que Michel Sardou, adoptant le point de vue du père d'un enfant assassiné, chante : « Je suis pour », Jean-Loup Dabadie écrit pour Julien Clerc « L'Assassin assassiné ».

Cette chanson apparaît comme un véritable engagement politique et un risque majeur dans une France, rappelons-le, largement favorable à la peine de mort. La virulence du propos et la clarté de la thèse soutenue sont remarquables : la description des dernières minutes de la vie du condamné à mort est très documentée et le jugement est sans appel : « lorsque le couteau est tombé, le crime a changé de côté ». Le parolier pose aussi la question essentielle : comment pouvons-nous continuer à vivre tranquilles et sereins quand au nom de la justice nous assassinons des hommes ?

L'Assassin assassiné

C'était un jour à la maison
Je voulais faire une chanson
D'amour peut-être
À côté de la fenêtre
Quelqu'un que j'aime et qui m'aimait
Lisait un livre de Giono[1]
Et moi penché sur mon piano
Comme sur un établi magique
J'essayais d'ajuster les mots
À ma musique…

Le matin même, à la Santé
Un homme… un homme avait été
Exécuté…
Et nous étions si tranquilles
Là, au cœur battant de la ville
C'était une fin d'après-midi
À l'heure où les ombres fidèles
Sortant peu à peu de chez elles
Composent doucement la nuit
Comme aujourd'hui…

Ils sont venus à pas de loup
Ils lui ont dit d'un ton doux
C'est le jour… C'est l'heure
Ils les a regardés sans couleur
Il était à moitié nu
Voulez-vous écrire une lettre
Il a dit oui... il n'a pas pu
Il a pris une cigarette...

Sur mon travail tombait le soir
Mais les mots restaient dans le noir
Qu'on me pardonne
Mais on ne peut certains jours
Écrire des chansons d'amour

Alors j'ai fermé mon piano
Paroles et musique de personne
Et j'ai pensé à ce salaud
Au sang lavé sur le pavé
Par ses bourreaux

Je ne suis président de rien
Moi je ne suis qu'un musicien
Je le sais bien...
Et je ne prends pas de pose
Pour dire seulement cette chose
Messieurs les assassins commencent
Oui, mais la Société recommence
Le sang d'un condamné à mort
C'est du sang d'homme, c'en est encore
C'en est encore...

Chacun son tour, ça n'est pas drôle
On lui donne deux trois paroles
Et un peu… d'alcool…
On lui parle, on l'attache, on le cache
Dans la cour un grand dais[1] noir
Protège sa mort des regards
Et puis ensuite... ça va très vite
Le temps que l'on vous décapite

Si je demande qu'on me permette
À la place d'une chanson
D'amour peut-être
De vous chanter un silence
C'est que ce souvenir me hante
Lorsque le couteau est tombé
Le crime a changé de côté
Ci-gît ce soir dans ma mémoire
Un assassin assassiné
Assassiné...

1. *Dais* : voir la note 2, p. 119.

Le combat contre la peine de mort mobilise aussi les dessinateurs, comme ici André Franquin (1924-1997) qui dénonce dans *Idées noires* l'absurdité du crime d'État que constitue à ses yeux la peine capitale.

Dossier

La peine de mort dans le monde

Données statistiques

• Au 31 mars 1999, Amnesty International recensait **90 pays non abolitionnistes** (soit 46 % des États du monde).

Au nombre de ces pays, l'Arabie Saoudite, la Chine, les États-Unis, l'Iran et la République démocratique du Congo sont responsables de 85 % des exécutions.

• Au 31 mars 1999, Amnesty International dénombrait **105 pays ayant aboli la peine de mort** en droit ou en pratique (c'est-à-dire n'ayant procédé à aucune exécution dans les dix dernières années).

En comparaison, seuls trois pays avaient aboli définitivement la peine de mort à la fin du siècle dernier. En 1981, 27 pays étaient abolitionnistes pour tous les crimes, et 63 pays abolitionnistes de droit ou de fait.

Sur les 105 pays abolitionnistes actuels, 68 l'ont aboli pour toutes les peines, 14 l'ont maintenue pour les crimes exceptionnels (crimes de guerre), et 23 sont abolitionnistes dans la pratique.

Répartition géographique

L'énumération des principaux pays du globe et de leur situation en matière de peine capitale ainsi que la carte (p. 152-153) font apparaître les zones encore largement soumises au régime de la peine de mort. On notera que, tandis que l'Amérique latine s'illustre, comme l'Europe occidentale, pour sa défense de l'abolition, l'Afrique, l'Asie et les pays de l'ex-URSS sont en majorité favorables au maintien de la peine de mort.

Amérique

Pays non abolitionnistes

Bahamas
Cuba
États-Unis
Guatémala
Jamaïque

Pays abolitionnistes

Canada (1976/1998[1])
Chili (2000)
Colombie (1910)
Équateur (1906)
Honduras (1956)
Mexique [2]
Nicaragua (1979)
Panama[3]
Paraguay (1992)
Uruguay (1907)
Venezuela (1863)

Pays abolitionnistes pour les crimes de droit commun

Argentine (1984)
Bolivie (1997)
Brésil (1979)
Pérou (1979)
Salvador (1983)

Europe

Pays non abolitionnistes

Biélorussie (CEI)
Russie (CEI)
Serbie

Pays abolitionnistes

Bulgarie (1998)
Chypre (1999)
Croatie (1990)
Estonie (1998)
Hongrie (1990)
Islande (1928)
Liechtenstein (1987)
Lituanie (1998)
Moldavie (1995)
Norvège (1905/1979)
Pologne (1988/1997)
République tchèque (1990)
Roumanie (1989)
Slovaquie (1990)
Slovénie (1989)
Suisse (1942/1992)
Ukraine (2000)
Union européenne

1. Les dates entre parenthèses indiquent la date de l'abolition. Dans le cas de 2 dates, la première est celle de l'abolition pour les crimes de droit commun ; la seconde la date d'abolition définitive pour tous les crimes.
2. Le Mexique est abolitionniste pour les crimes de droit commun, mais la Constitution de 1917 interdit la peine de mort pour les crimes politiques et aucune exécution n'a été pratiquée depuis 1937.
3. Le Panama n'a jamais appliqué la peine de mort.

Pays	Abolition définitive	Abolition pour les crimes de droit commun	Dernière exécution
Allemagne (ex-RDA : 1987)	1949		
Autriche	1968	1950	1967
Belgique	1996		1950
Danemark	1978	1933	1950
Espagne	1995	1978	1975
Finlande	1972	1949	1944
France	1981		1977
Grande-Bretagne	1998	1973	1964
Grèce	1993		1972
Italie	1994	1947	1947
Irlande	1990		1954
Luxembourg	1979		1949
Pays-Bas	1982	1870	1952
Portugal	1976	1867	1849
Suède	1972	1921	1910

Pays abolitionnistes pour les crimes de droit commun

Albanie (1999)
Bosnie-Herzégovine (1997),
Lettonie (1999)
Malte (1971)

Pays abolitionniste de fait

Turquie

Afrique

Pays non abolitionnistes

Algérie
Bénin
Burundi
Cameroun
Égypte
Éthiopie
Gabon
Ghana
Kenya
Libye
Maroc
Mauritanie
Nigeria
Ouganda
République démocratique du Congo

Rwanda
Somalie
Soudan
Tanzanie
Tchad
Tunisie
Zambie
Zimbabwé

Pays abolitionnistes
Afrique du Sud (1997)
Angola (1992)
Côte d'Ivoire (2000)
Guinée-Bissau (1993)
Mozambique (1990)
Namibie (1990)

Pays abolitionnistes de fait
Burkina Faso
Congo
Gambie
Madagascar
Mali
Niger
République centrafricaine
Sénégal

Asie

Pays non abolitionnistes
Afghanistan
Arabie Saoudite
Arménie
Bangladesh
Chine
Corée du Nord
Corée du Sud
Inde
Indonésie
Irak
Iran
Japon
Jordanie
Koweit
Liban
Laos
Malaisie
Mongolie
Ouzbékistan
Pakistan
Philippines
Singapour
Syrie
Taiwan
Thaïlande
Turkménistan
Vietnam
Yémen

Pays abolitionnistes
Azerbaïdjan (1998)
Cambodge (1989)
Géorgie (1997)
Népal (1997)

Pays abolitionniste pour les crimes de droit commun
Israël

Pays abolitionniste de fait
Sri Lanka

Océanie

Pays abolitionnistes
Australie (1985)
Nouvelle-Zélande (1989)

Source : Amnesty International.

La peine de mort aux États-Unis

Dans *Lettre ouverte aux Américains pour l'abolition de la pein* *de mort* (L'Écart, 2000), Benjamin Menasse et Michel Taub rappellent que la tradition française de lecture critique d l'évolution politique des États-Unis remonte au XIXe siècle, Tocqueville et à son célèbre *De la démocratie en Amérique*.

C'est dans cette perspective que se situent aujourd'hui le voix, de plus en plus nombreuses, qui s'élèvent pour proteste contre l'application de la peine de mort aux États-Unis, der nière gande démocratie de la planète (avec le Japon) à prat quer des exécutions capitales.

Parce que les États-Unis sont un modèle qui s'export dans le monde entier, leurs choix politiques comme leur choix de société intéressent les citoyens de tous les pays.

Un peu d'histoire

- La peine de mort a été suspendue de 1967 à 1976, su décision de la Cour suprême (l'organe judiciaire fédéral).
- En 1976, la Cour suprême revint sur sa décision, et le États furent dès lors libres de réintroduire la peine de mor dans leur législation.
- Au niveau fédéral, la peine de mort a été rétablie par l gouvernement américain en 1988.

Peine de mort : L'Amérique dans tous ses états

- **12 États ont supprimé la peine de mort** dans leu législation : Alaska, Dakota du Nord, Hawaii, Iowa, Main Massachusetts, Michigan, Minnesota, Rhodes Island, Vermon Virginie occidentale, Wisconsin.
- **38 États ont rétabli la peine de mort** depuis 1976 Alabama, Arizona, Arkansas, Californie, Caroline du Nor Caroline du Sud, Colorado, Connecticut, Dakota du Su Delaware, Floride, Géorgie, Idaho, Illinois, Indiana, Kansa Kentucky, Louisiane, Maryland, Mississippi, Missouri, Montan Nebraska, Nevada, New Hampshire, New Jersey, New Yor Nouveau-Mexique, Ohio, Oklahoma, Oregon, Pennsylvani Tennessee, Texas, Utah, Virginie, Washington, Wyoming.

Nombre d'exécutions capitales

• Au 10 avril 2001 on dénombrait un total de 706 exécutions capitales aux États-Unis depuis 1977, dont plus de la moitié ont eu lieu ces cinq dernières années.

Année	Nombre d'exécutions
1995	56
1996	45
1997	74
1998	68
1999	98
2000	85
2001 (10/04/01)	23
Total :	**449**

• La dernière exécution s'est déroulée au Texas, le 3 avril 2001. 9 autres exécutions sont programmées pour ce même mois d'avril.

Les 15 États qui exécutent le plus (depuis 1977)

États	Exécutions	Grâces	Âge légal minimum
Texas	245	37	17
Virginie	83	11	16
Floride	50	6	17
Missouri	48	2	17
Oklahoma	40	1	17
Louisiane	26	1	16
Caroline du Sud	25	0	16
Alabama	23	0	16
Géorgie	23	4	16
Arkansas	23	1	16
Arizona	22	0	16
Caroline du Nord	17	3	17
Illinois	12	1	18
Delaware	11	0	16
Californie	9	0	17

Méthodes d'exécution

Cinq méthodes d'exécution sont utilisées aux États-Unis l'injection létale (principalement), la chaise électrique, la chambre à gaz, le peloton d'exécution et la pendaison.

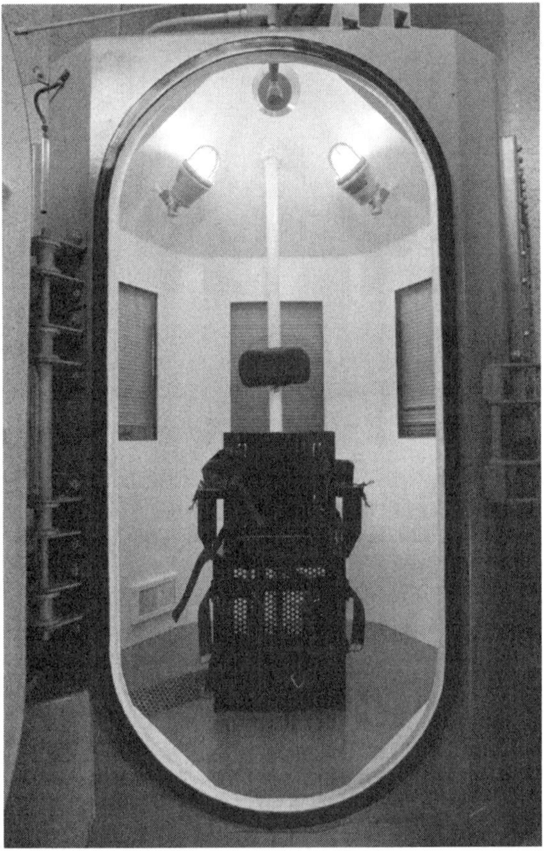

© AFP

Une chambre à gaz dans une prison de l'Arizona.
Un gaz mortel se dégage dans la chambre par le sol
et provoque chez le condamné un arrêt cardiaque.

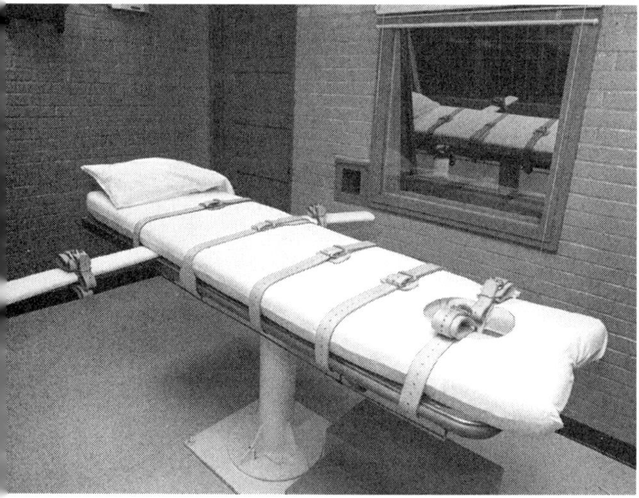

Une chambre d'exécution (*death chamber*) par injection létale, au Texas.

« Ensemble contre la peine de mort »

Créée en octobre 2000, l'association « Ensemble contre la peine de mort » a pour ambition de promouvoir l'abolition universelle de la peine de mort. Soutenue dans son action par de nombreuses personnalités, des associations internationales et des organes de presse, elle lance, alors même que ce déroule outre-Atlantique la campagne électorale pour les élections présidentielles une pétition contre la peine de mort aux États-Unis. En janvier 2001, 500 000 signatures sont ainsi remises par l'actrice Catherine Deneuve à l'ambassade des États-Unis.

Pour poursuivre son combat, l'association qui organise en juin 2001 le premier congrès mondial contre la peine de mort s'est doté d'un site internet donnant notamment accès à la pétition : **http://www.ecart-type.com**

L'abolition de la peine de mort en France : retour sur un combat politique

Question philosophique et morale, interrogation religieuse enjeu culturel et social, le débat sur la peine de mort acquier toute sa dimension dans le champ politique où se décident l sort juridique de la peine capitale, les modalités de son appli cation ou de son interdiction.

Rappel historique

Trois dates essentielles jalonnent l'histoire des débats su la peine de mort

• Sous la **Révolution française**, la discussion du projet d Code pénal devant l'Assemblée constituante aborde la ques tion de la peine de mort. Les arguments des abolitionniste (dont Robespierre !) ne sont pas entendus. On se borne réduire de 115 à 32 les cas possibles de peine de mort.

Plusieurs tentatives échoueront de même sous la Conven tion.

• Après une adresse au roi votée en 1830 par la Chambr des députés et restée sans suite, la **IIe République, en 1848** abolit par un décret du Gouvernement provisoire la peine d mort en matière politique. Malgré les interventions de Victo Hugo et de Victor Schoelcher [1] l'abolition totale ne sera jamai votée.

• Après que l'opposition républicaine a mis, sans résultat à son programme sous le Second Empire l'abolition de l peine de mort, la question retrouve son actualité sous l **IIIe République** avec le grand débat des années **1906-190** à la Chambre (voir p. 85).

Favorisé par le président Fallières, que ses conviction abolitionnistes conduisirent à user systématiquement de so droit de grâce envers les condamnés à mort, le débat com mença par la suppression au budget de 1907 des crédits affec tés à l'indemnité du bourreau et aux frais des exécution

1. *Victor Schoelcher* : homme politique français (1804-1893) à qu l'on doit notamment le décret sur l'abolition de l'esclavage dan les colonies.

capitales. Par la suite furent déposés simultanément devant la Chambre un projet (du gouvernement) et une proposition (des députés) de loi tendant à abolir la peine de mort.

Après des débats célèbres qui s'étalèrent de juin à décembre 1908, le maintien de la peine capitale fut voté par la Chambre par 330 voix contre 201.

Cet insuccès des abolitionnistes allait entraîner une période de silence de soixante-dix ans.

1970-1981 : la marche vers l'abolition

Malgré quelques propositions de lois déposées en faveur de la peine de mort au long de la IIIe et de la IVe République, c'est sous la Ve République, et en particulier à partir des années 70, que le débat va être mené à son terme.

Les propositions de loi émanant de la gauche (groupes PS, PC, MRG) comme de la droite (Philippe Séguin au RPR, Pierre Bas, Bernard Stasi à l'UDF) se multiplient, mais les débats sont bloqués à l'Assemblée, car les gouvernements de l'époque ne souhaitent pas aller à l'encontre d'une opinion publique largement favorable au maintien de la peine de mort.

C'est sous l'impulsion de François Mitterrand, élu président de la République en mai 1981, et ainsi que le candidat en avait fait la promesse, que l'abolition de la peine de mort est soumise au vote du Parlement :

31 août 1981 : Robert Badinter, garde des Sceaux, dépose devant l'Assemblée un projet de loi abolissant la peine de mort

8 septembre 1981 : la discussion commence devant le Parlement réuni en session extraordinaire

17 septembre 1981 : l'Assemblée nationale commence l'examen du projet de loi

18 septembre 1981 : l'article 1 abolissant la peine de mort est voté par 369 voix contre 113. Le projet de loi est adopté par 363 voix contre 117.

30 septembre 1981 : le Sénat adopte définitivement le projet de loi abolissant la peine de mort

9 octobre 1981 : promulgation de la loi, qui entre en vigueur le lendemain. La loi spécifie que toutes les condamnations à mort prononcées après le 1er novembre 1980 seront commuées en réclusion ou détention à perpétuité.

Positions politiques et opinion publique : la pression des événements

En matière de peine de mort, l'opinion publique apparaî versatile, soumise aux événements extérieurs, facilemen influencé par l'actualité judiciare.

Date	Opinions favorables à la peine de mort	Événements
1907	77 %	Le président Fallières a gracié un condamné. En 1908, la Chambre votera contre l'abolition de la peine de mort.
Mai 1969	39 %	
Octobre 1969	33 %	En juin 1969, le président Pompidou a gracié les six condamnés à mort depuis le début de son mandat. Il n'y a plus de condamnés à mort dans les prisons.
Septembre 1971	53 %	Sept. 1971 : prise d'otages meurtrière de Bontems et Buffet à Clairvaux.
Novembre 1972	63 %	29 novembre 1972 : exécution de Bontems et Buffet.
1974	50 %	Juin 1974 : début de l'affaire Ranucci (guillotiné en 1976).
Octobre 1975	58 %	
Janvier 1977	83 %	Janvier 1977 : procès Patrick Henry. Le jury vote la réclusion à perpétuité.
Janvier 1979	56 %	
Janvier 1981	63%	Mai 1981 : trois condamnations à mort sont prononcées. Mitterrand commue en en peine de perpétuité la condamnation à mort de Philippe Maurice.
10 sept. 1981	62 %	18 septembre : vote du projet de loi à l'Assemblée.
1991	59%	

L'effarant verdict de Troyes

UN "PERMIS DE TUER" QUI SCANDALISE LA FRANCE

Un terrorisme intellectuel

A.D.G.

Les petits-fils de la Terreur

Leurs défis à la logique

Précédents

Assassiner sans risque

Janvier 1977 : après le verdict de Troyes qui sauve Patrick Henry de la peine de mort, une certaine presse se fait le relais de la colère de l'opinion publique.

Peine de mort et grâce présidentielle

En ultime recours, les condamnés à mort peuvent espérer la grace présidentielle, pouvoir discrétionnaire du chef de l'État, qui n'a guère à justifier sa décision.

Sous la Ve République 19 exécutions ont eu lieu en France, 37 condamnés ont été graciés.

Présidence de Charles de Gaulle (1958-1969)	11 exécutions	19 grâces
Présidence de Georges Pompidou (1969-1974)	3 exécutions	12 grâces
Présidence de V. Giscard d'Estaing (1974-1981)	3 exécutions	4 grâces
Présidence de François Mitterrand avant l'abolition (1981)	aucune exécution	2 grâces

DERNIÈRES PARUTIONS

AU NOM DE LA LIBERTÉ
Poèmes de la Résistance (2106)

L'AUTOBIOGRAPHIE (2131)

BALZAC
Le Bal de Sceaux (2132)

BAUDELAIRE
Les Fleurs du mal (2115)

LA **B**IOGRAPHIE (2155)

ROBERT DE BORON
Merlin (2080)

CEUX DE VERDUN
Les écrivains et la Grande Guerre (2134)

LES CHEVALIERS DU MOYEN ÂGE (2138)

COLLODI
Pinocchio (2136)

CONTES DE L'ÉGYPTE ANCIENNE (2119)

LE CRIME N'EST JAMAIS PARFAIT
Nouvelles policières (2163)

DEFOE
Robinson Crusoé (2120)

DUMAS
Les Trois Mousquetaires.
1. Les Ferrets de la reine (2142)

DE L'ÉDUCATION
Apprendre et transmettre de Rabelais à Pennac (2137)

LA FARCE DU CUVIER et autres farces du Moyen Âge (2139)

FLAUBERT
La Légende de saint Julien l'Hospitalier (2111)

LES GRANDES HEURES DE ROME (2147)

HOLDER
Mademoiselle Chambon (2153)

HOMÈRE
L'Iliade (2113)
L'Odyssée (2125)

JARRY
Ubu Roi (2105)

LABICHE
Un chapeau de paille d'Italie (2114)

MAUPASSANT
La Parure et autres scènes de la vie parisienne (2124)

MÉRIMÉE
Mateao Falcone. Tamango (2104)
La Vénus d'Ille et autres contes fantastiques (2002)
Carmen (2145)

MOLIÈRE
Le Bourgeois gentilhomme (2133)
L'École des femmes (2143)

MYTHES ET DIEUX DE L'OLYMPE (2127)

LA PEINE DE MORT
De Voltaire à Badinter (2122)

RENARD
Poil de Carotte (2146)

ROBINSONNADES
De Defoe à Tournier (2130)

LE ROMANTISME (2162)

ROSTAND
Cyrano de Bergerac (2112)

ANNIE SAUMONT
Aldo, mon ami et autres nouvelles (2141)

SHAKESPEARE
Roméo et Juliette (2118)

MARY SHELLEY
Frankenstein (2128)

LE SURRÉALISME (2152)

TCHÉKHOV
Une demande en mariage et autres pièc[es] en un acte (2108)

TITE-LIVE
La Fondation de Rome (2093)

VILLIERS DE L'ISLE ADAM
Véra et autres nouvelles fantastiques (2150)

VOLTAIRE
Micromégas (2135)

GF Flammarion

02/05/94738-V-2002 – Impr. MAURY Eurolivres, 45300 Manchecourt.
N° d'édition FG212204. – Avril 2001. – Printed in France.